Princesita de Dios
Biblia
Devocional

Presentada a

Presentada por

Fecha

Ocasión

Editora en Jefe: *Graciela Lelli*
Traducción: *Elizabeth F. Morris*
Edición: *Marta Díaz*
Adaptación del diseño al español: *produccioneditorial.com*

ISBN: 978-1-6025-5970-7

Impreso en China
Printed in China
14 15 16 17 18 DSC 9 8 7 6 5 4 3 2

Princesita de Dios
Biblia
Devocional

Sheila Walsh

NVI✜

GRUPO NELSON
Una división de Thomas Nelson Publishers
Desde 1798

NASHVILLE   MÉXICO DF.   RÍO DE JANEIRO

Querida princesa:

Tienes en tus manos historias del libro más maravilloso que existe en el mundo. En estas páginas descubrirás cosas asombrosas que necesitas saber acerca de tu Padre Dios y lo mucho que él te ama.

Tal vez al mirarte en el espejo no te sientas como una princesa, pero tú eres una preciosa hija del Rey de reyes.

Cuando era niña no siempre me gustó ser como era. Veía a las otras niñas y pensaba que eran más bonitas o más inteligentes que yo. A veces esto me entristecía o me hacía sentir un poco sola, hasta que mi mamá me leyó estos versículos y me ayudó a entender lo especial que soy para Dios:

*T*ú creaste mis entrañas;
    me formaste en el vientre de mi madre.
¡Te alabo porque soy una creación
    admirable!
¡Tus obras son maravillosas,
y esto lo sé muy bien!

SALMOS 139.13–14

¡Qué gran noticia!

Dios cree que tú eres muy maravillosa, y él lo sabe bien porque te creó. Le pediré que siempre, en tus días buenos y en tus días no tan buenos, te recuerde que él nunca dejará de amarte.

¡Tú eres una princesita de Dios!

Tu hermana mayor,

Sheila

Introducción para los padres

Cada niña es una princesa, la hija de un Rey... ¡el Rey de reyes creador y gobernador de todo!

Las niñas ansían ser hermosas, sentirse muy queridas, admiradas y necesitadas, ¡y quieren dar sus corazones a su héroe! Dios es ese héroe. Dios quiere que las niñas sean todo lo que su potencial les permite ser... que crezcan en la ternura y la luz de su amor. Las características del enfoque de esta Biblia ayudarán a que estas tiernas niñas florezcan y se conviertan en la princesa que siempre se planeó que fueran. Estas selecciones de las Escrituras, fáciles de leer, se combinaron con artículos divertidos e inspirados para tocar el corazón de una niña. Esperamos que su pequeña aprenda acerca de su destino como una hija de Dios y una verdadera princesa.

Atracciones especiales:

En lo profundo de mi corazón: Tal y como dice la canción: «Yo tengo gozo, gozo en mi corazón, en mi corazón, en mi corazón». Esta atracción especial motiva la memorización de las Escrituras: *«No pierdas de vista mis palabras; guárdalas muy dentro de tu corazón».*

PROVERBIOS 4.21

Secretos de belleza: Rápidos consejos sobre cómo ser «hermosa», no solo peinar tu cabello, lavar tus manos, cepillarte los dientes y SONREÍR...

Princesas de la Biblia: Niñas y mujeres de la Biblia que marcaron una diferencia.

Mi héroe: Promesas bíblicas de Dios, ¡nuestro grandioso héroe!

Saluda al público: A las niñas les encanta disfrazarse y hacer representaciones. Estas secciones les dan consejos para disfrazarse con rapidez y facilidad, y hacer una «representación» enfocada en la Biblia.

¡Te adoro!: A casi todas las niñas les gusta cantar y bailar. Aproveche esa energía para usarla con canciones infantiles, pasajes de las Escrituras y maneras de adorar y alabar a Dios.

Princesa encantadora: Estas secciones ayudan a enseñar modales, elegancia y encanto... algo que necesita cada princesa a medida que cortésmente dice por favor y gracias a los «súbditos» de su reino.

Digna de amar: Cada princesa necesita amar no solo a su familia, sino también a los súbditos de su reino. Estas secciones muestran cómo amar a sus padres, hermanos, familiares, amistades, maestros y otros en la comunidad.

Verdades del reino: Valores básicos tomados de la Biblia, estas características reales son las que cada princesa debe poseer: honor, caridad, justicia, pureza, verdad, honestidad, interés, fidelidad, ¡y muchas más!

Contenido

Contenido *(continuación)*

Preferencias de la princesa

Colores favoritos

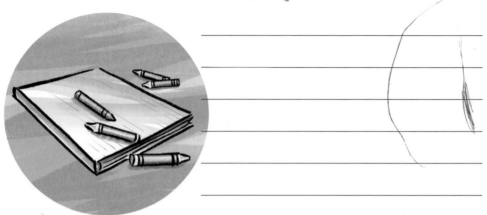

Animales favoritos

Comidas favoritas

_____

_____

_____

_____

_____

Juguetes favoritos

_____

_____

_____

_____

_____

Cosas favoritas que hacer

_____

_____

_____

_____

_____

Juegos favoritos

_____
_____
_____
_____

Canciones favoritas

_____
_____
_____
_____

Versículos favoritos de la Biblia

_____
_____
_____
_____

Princesita de Dios
Biblia
Devocional

Sheila Walsh

Luego Dios el Señor dijo: «No es bueno que el hombre esté solo. Voy a hacerle una ayuda adecuada» [...]

El hombre fue poniéndoles nombre a todos los animales domésticos, a todas las aves del cielo y a todos los animales del campo. Sin embargo, no se encontró entre ellos la ayuda adecuada para el hombre.

Entonces Dios el Señor hizo que el hombre cayera en un sueño profundo y, mientras éste dormía, le sacó una costilla y le cerró la herida. De la costilla que le había quitado al hombre, Dios el Señor hizo una mujer y se la presentó al hombre, el cual exclamó:

«Ésta sí es hueso de mis huesos y carne de mi carne. Se llamará "mujer" porque del hombre fue sacada» [...]

El hombre llamó Eva a su mujer, porque ella sería la madre de todo ser viviente.

GÉNESIS 2.18, 20–23; 3.20

(Para saber más acerca de esta historia, lee Génesis 2.24–3.24.)

Eva, reina del mundo de Dios

Princesas de la Biblia

Imagina cómo te sentirías si fueras la única jovencita en el mundo. Ahora, imagínate estar con Dios y Adán, el único joven sobre la faz de la tierra. Dios les dice a ti y a Adán que juntos gobernarán esta increíble creación que él acaba de hacer.

Eva no tuvo que imaginarse esto porque en realidad le sucedió. Ella fue la primera princesa de Dios en el Jardín del Edén.

Princesas

Su trabajo era ayudar a Adán a cuidar los animales, las plantas y los hijos que un día Dios les daría.

Claro, Adán y Eva lo echaron todo a perder cuando escucharon a Satanás en lugar de obedecer a Dios. Pero Dios no abandonó a sus hijos. Por el contrario, les envió a su Hijo Jesús para que él pagara la penalidad por el pecado. Ahora los hijos de Dios pueden volver a reinar con Jesús.

La serpiente era más astuta que todos los animales del campo que Dios el Señor había hecho, así que le preguntó a la mujer:

—¿Es verdad que Dios les dijo que no comieran de ningún árbol del jardín? [...]

La mujer vio que el fruto del árbol era bueno para comer, y que tenía buen aspecto y era deseable para adquirir sabiduría, así que tomó de su fruto y comió. Luego le dio a su esposo, y también él comió.

En ese momento se les abrieron los ojos, y tomaron conciencia de su desnudez. Por eso, para cubrirse entretejieron hojas de higuera [...]

Entonces Dios el Señor expulsó al ser humano del jardín del Edén, para que trabajara la tierra de la cual había sido hecho. Luego de expulsarlo, puso al oriente del jardín del Edén a los querubines, y una espada ardiente que se movía por todos lados, para custodiar el camino que lleva al árbol de la vida.

GÉNESIS 3.1, 6–7, 23–24

El pecado se cuela

Saluda al público

Lo que necesitarás:

- una cesta de manzanas o alguna fruta
- una chalina/capa blanca
- una rama con hojas
- una chalina/capa negra
- un abrigo

Mamá *(con la chalina blanca)*: «Adán y Eva, les hice un hermoso jardín. Todo lo que está allí es de ustedes. Cuídenlo. Solo que no coman del árbol en el centro del jardín». *(Señale la cesta de frutas en el centro de la habitación.)*

Princesa: *(Camina por la habitación. Acércate más y más a la cesta.)* «¡Ah, qué frutas tan deliciosas tenemos aquí!».

Mamá *(con la chalina negra)*: *(Silba [psss...] como una serpiente.)* «¿Es verdad que Dios te dijo que no comieras la fruta de ninguno de los árboles del jardín?».

Princesa: «Podemos comer las frutas de los árboles en el jardín, excepto las de este árbol. Dios dijo que ni siquiera debemos tocarlo porque si lo hacemos, moriremos».

Mamá *(todavía con la chalina negra)*: «No morirás. Dios sabe que si comes del fruto de ese árbol, aprenderás acerca del bien y del mal. ¡Entonces serás como Dios!».

Princesa: «Ah, bueno, parece ser sabroso». (*Muerde la fruta y cómetela. La serpiente hace su silbido y se va.*) «También le daré un pedazo a Adán. ¡Ay, no! ¡Hice algo malo!». (*Usa la rama con hojas para cubrirte.*) «¡Será mejor que me esconda de Dios».

Mamá (*con la chalina blanca*): «Adán y Eva, ¿dónde están ustedes?».

Princesa: «Nos escondimos de ti».

Mamá (*todavía con la chalina blanca*): «¿Comieron del árbol que les dije que no comieran? Porque si lo hicieron, cada uno de ustedes tendrá que pagar por su pecado. Miren, aquí tienen una ropa mejor para vestirse». (*Mamá le entrega el abrigo a la princesa.*) «Ahora tienen que irse del jardín».

¡¡Saluda al público!!

Repaso de los personajes

¿Cuál fue el error de Eva? (*Ella escuchó a Satanás y desobedeció a Dios.*)

¿Cómo la engañó Satanás? (*Le dijo mentiras.*)

¿Qué podía hacer ella? (*Irse corriendo; decir la verdad; o, en primer lugar, no acercarse al árbol.*)

¿Qué sucedió por ser ellos desobedientes? (*Castigaron a los tres.*)

¿Dios los ayudó? (*Sí, él les prometió que un día les mandaría un Salvador que derrotaría a Satanás y los liberaría de la maldición.*)

¿Cómo les mostró Dios que todavía se interesaba en Adán y Eva? (*Los vistió y permaneció con ellos.*)

¿Qué debes hacer cuando pecas? (*Ir a Dios y arrepentirte.*)

9

Jared tenía ciento sesenta y dos años cuando fue padre de Enoc. Después del nacimiento de Enoc, Jared vivió ochocientos años más, y tuvo otros hijos y otras hijas. De modo que Jared murió a los novecientos sesenta y dos años de edad.

Enoc tenía sesenta y cinco años cuando fue padre de Matusalén. Después del nacimiento de Matusalén, Enoc anduvo fielmente con Dios trescientos años más, y tuvo otros hijos y otras hijas. En total, Enoc vivió trescientos sesenta y cinco años, y como anduvo fielmente con Dios, un día desapareció porque Dios se lo llevó.

GÉNESIS 5.18–24

La lealtad real

Verdades del reino

¿Alguna vez visitaste un hogar de ancianos? Es un lugar especial donde viven las personas que ya son muy ancianas para vivir solas. A muchos de ellos les gusta que los niños vayan a visitarlos porque les ayuda a recordar cuando ellos fueron jóvenes.

Los ancianos también nos ayudan a recordar algunas cosas importantes. Ellos nos recuerdan que no viviremos en esta tierra para siempre. Nosotros envejeceremos, al igual que ellos.

11

En el tiempo preciso de Dios dejaremos esta tierra para pasar la eternidad con Jesús, nuestro Rey. Entonces, ¿qué harás con el tiempo que Dios te da aquí? Dios quiere que seamos fieles a él durante toda nuestra vida. Quiere que siempre seamos sus amigos y que confiemos en que él nos protege y nos salva.

No solo le pertenecemos a Dios cuando somos niños. Necesitamos estar cerca de él durante toda nuestra vida hasta que lleguemos a ver su rostro.

Verdades

Hazlo tuyo

Al principio de los tiempos algunas personas vivían hasta tener ¡1.000 años! Enoc vivió 365 años. Pero lo que es mejor es que Enoc se hizo tan amigo de Dios que Dios se lo llevó directamente al cielo.

¿Quieres tú ser leal a Dios durante toda tu vida como lo fue Enoc? Entonces, pídele a Jesús ahora mismo que siempre te mantenga cerca de él. ¡Él lo puede hacer!

L e dijo Dios a Abraham:

—A Saray, tu esposa, ya no la llamarás Saray, sino que su nombre será Sara. Yo la bendeciré, y por medio de ella te daré un hijo. Tanto la bendeciré, que será madre de naciones, y de ella surgirán reyes de pueblos.

Entonces Abraham inclinó el rostro hasta el suelo y se rió de pensar: «¿Acaso puede un hombre tener un hijo a los cien años, y ser madre Sara a los noventa?» Por eso le dijo a Dios:

—¡Concédele a Ismael vivir bajo tu bendición!

A lo que Dios contestó:

—¡Pero es Sara, tu esposa, la que te dará un hijo, al que llamarás Isaac! Yo estableceré mi pacto con él y con sus descendientes, como pacto perpetuo [...]

Sara dijo entonces: «Dios me ha hecho reír, y todos los que se enteren de que he tenido un hijo, se reirán conmigo. ¿Quién le hubiera dicho a Abraham que Sara amamantaría hijos? Sin embargo, le he dado un hijo en su vejez.»

GÉNESIS 17.15–19; 21.6–7

(Para saber más acerca de esta historia, lee Génesis 17.1–19; 21.1–12.)

La gloria culminante de Sara

Al principio Sara tenía otro nombre. Se llamaba Saray cuando conoció a Abraham y se casó con él. Pero luego Dios dijo que él tenía planes diferentes para ellos dos. Dios cambió el nombre de Saray por Sara, que significa «princesa». Dios le prometió a Abraham que él lo iba a bendecir con más descendientes de los que podría contar. Ellos se convertirían en los padres de todos los israelitas.

Princesas

Pero Sara tuvo que esperar por Dios. Realmente tuvo que esperar durante un largo, largo tiempo. Ella llegó a tener más de noventa años antes de tener a su hijo Isaac. Por fin Sara comprendió que Dios tiene el poder para convertir a las muchachas comunes en princesas. Ella también descubrió que Dios siempre cumple sus promesas.

Entonces ellos le preguntaron:

—¿Dónde está Sara, tu esposa?

—Allí en la carpa —les respondió.

—Dentro de un año volveré a verte —dijo uno de ellos—, y para entonces tu esposa Sara tendrá un hijo.

Sara estaba escuchando a la entrada de la carpa, a espaldas del que hablaba. Abraham y Sara eran ya bastante ancianos, y Sara ya había dejado de menstruar. Por eso, Sara se rió y pensó: «¿Acaso voy a tener este placer, ahora que ya estoy consumida y mi esposo es tan viejo?» Pero el SEÑOR le dijo a Abraham:

—¿Por qué se ríe Sara? ¿No cree que podrá tener un hijo en su vejez? ¿Acaso hay algo imposible para el SEÑOR? El año que viene volveré a visitarte en esta fecha, y para entonces Sara habrá tenido un hijo.

GÉNESIS 18.9–14

18

Alégrense siempre en el Señor.
Insisto: ¡Alégrense!

FILIPENSES 4.4

● ●

La belleza de la risa

Secretos de belleza

*T*ú puedes ponerte un hermoso vestido. Darle color a tus mejillas con un bello rosado. Decorar tu cabello con reflejos y brillo. Pero si tu corazón está triste, no se verá tu verdadera belleza.

A veces estamos tristes porque llegan momentos dolorosos y tiempos difíciles.

19

ios prometió consolarnos siempre que lloremos. Sin embargo, muchas veces mostramos una mala cara porque tenemos una mala actitud en nuestro corazón. ¿No pudiste hacer lo que querías? ¿Tu hermana o hermano te molestó? Dios dice que siempre debemos regocijarnos en él, no importa lo que suceda. Siempre podemos encontrar una razón para tener gozo si recordamos que él nos ama y nos cuida.

Belleza

Consejos de belleza

Mírate en el espejo. Haz una cara que muestre ira. Ahora haz una cara feliz. ¿Cuál se ve mejor? ¿Cuál se siente mejor? Pídele a Dios que siempre te ayude a encontrar gozo en su amistad. Pídele que su amor te ayude a tener una hermosa sonrisa en tu cara.

Un día, Abraham le dijo al criado más antiguo de su casa, que era quien le administraba todos sus bienes:

—Júrame por el SEÑOR, el Dios del cielo [...] que irás a mi tierra, donde vive mi familia, y de allí le escogerás una esposa [a Isaac...].

Entonces [el criado de Abraham] comenzó a orar: «SEÑOR, Dios de mi amo Abraham, te ruego que hoy me vaya bien, y que demuestres el amor que le tienes a mi amo» [...]

Aún no había terminado de orar cuando vio que se acercaba Rebeca, con su cántaro al hombro. Rebeca era hija de Betuel, que a su vez era hijo de Milca y Najor, el hermano de Abraham [...]

Entonces el criado de Abraham se arrodilló y adoró al Señor con estas palabras: «Bendito sea el Señor, el Dios de mi amo Abraham, que no ha dejado de manifestarle su amor y fidelidad, y que a mí me ha guiado a la casa de sus parientes.»

La joven corrió hasta la casa de su madre, y allí contó lo que le había sucedido [...]

Labán y Betuel respondieron:

—Sin duda todo esto proviene del Señor, y nosotros no podemos decir ni que sí ni que no. Aquí está Rebeca; tómela usted y llévesela para que sea la esposa del hijo de su amo, tal como el Señor lo ha dispuesto.

Génesis 24.2–4, 12, 15, 26–28, 50–51

(Para saber más acerca de esta historia, lee todo el capítulo 24 de Génesis.)

Rebeca, linaje escogido

Rebeca no sabía lo que iba a suceder. Ella solo fue al pozo para sacar agua, como hacía todos los días. No sabía que Dios la estaba mirando. Dios estaba planeando su futuro. Al darles agua a los camellos de un extraño, fue seleccionada para tener una nueva posición en el reino. Dios la escogió para que fuera la princesa novia de Isaac. Ella se convertiría en la madre de Jacob. Jacob se convirtió en el padre de Israel, el pueblo escogido de Dios.

¿Te gusta limpiar tu habitación? ¿Lavar los platos? ¿Hacer los quehaceres propios de la casa? Es fácil aburrirse e irse. Pero Dios está observando. Te está preparando para el llamado especial que él te hará un día. Dios usa las cosas normales, como darle agua a un camello (o alimentar tu mascota) y servir a otros, para hacer cosas maravillosas. Al igual que Rebeca, debemos ocuparnos en servir a los demás como muestra de nuestro amor a Jesús. En el momento preciso Dios obrará para hacer realidad su plan maravilloso para tu vida.

—No tengan miedo —les respondió Moisés—. Dios ha venido a ponerlos a prueba, para que sientan temor de él y no pequen.

Entonces Moisés se acercó a la densa oscuridad en la que estaba Dios, pero los israelitas se mantuvieron a distancia.

El Señor le ordenó a Moisés:

«Diles lo siguiente a los israelitas: "Ustedes mismos han oído que les he hablado desde el cielo. No me ofendan; no se hagan dioses de plata o de oro, ni los adoren. Háganme un altar de tierra, y ofrézcanme sobre él sus holocaustos y sacrificios de comunión, sus ovejas y sus toros. Yo vendré al lugar donde les pida invocar mi nombre, y los bendeciré"».

Éxodo 20.20–24

En tu honor

Verdades del reino

Si tuvieras la oportunidad de reunirte con el presidente de los Estados Unidos, ¿qué le dirías? ¿Te comportarías como una tonta? ¿Le mostrarías respeto? ¡Es probable que te sintieras muy emocionada! Le brindarías toda tu atención y disfrutarías cada momento.

¿Cuánto más importante que una persona es Dios? Sabemos en nuestra mente que Dios merece respeto y honor. Pero en nuestras acciones diarias a menudo lo olvidamos. Es posible que hasta hagamos bromas acerca de la Palabra de Dios.

Es posible que pensemos o hagamos otras cosas durante el tiempo de oración de la familia. Comenzamos a tratar a Dios como si solo fuera otra persona en lugar del Rey de reyes.

Dios nos ama. Él es nuestro Padre, y siempre podemos acudir a él. Pero también es muy poderoso y santo. Él merece toda nuestra atención, respeto y alabanza.

Verdades

Hazlo tuyo

En los días del Antiguo Testamento, los israelitas comprendían la santidad de Dios. Su gloria los maravillaba tanto que temían acercarse a la montaña donde Dios les hablaba. Hoy no necesitamos temer a Dios. La obra de Jesús en la cruz nos hace amigos y familia de él. Pero necesitamos recordar lo importante que él es. Necesitamos honrar siempre su nombre. ¿Cuáles son las mejores maneras en que tú puedes honrarlo?

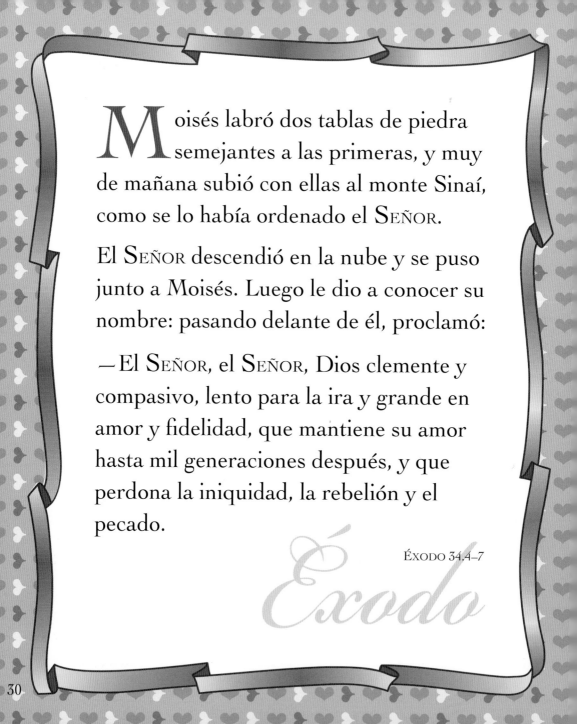

Moisés labró dos tablas de piedra semejantes a las primeras, y muy de mañana subió con ellas al monte Sinaí, como se lo había ordenado el Señor.

El Señor descendió en la nube y se puso junto a Moisés. Luego le dio a conocer su nombre: pasando delante de él, proclamó:

—El Señor, el Señor, Dios clemente y compasivo, lento para la ira y grande en amor y fidelidad, que mantiene su amor hasta mil generaciones después, y que perdona la iniquidad, la rebelión y el pecado.

ÉXODO 34.4–7

Éxodo

El regalo que sigue regalando

Digna de amar

Esperas todo el año. ¿Hay algo que nos entusiasme más que el día de Navidad? Toda la gente alrededor del mundo celebra reuniéndose, dando regalos divertidos y comiendo una buena comida. El pueblo de Dios lo disfruta todavía más porque conocemos a Jesús, el regalo más grande de Dios.

¿Alguna vez te has preguntado por qué un día tan grande como ese solo sucede una vez en el año? ¿Qué nos impide celebrar a Jesús cada día?

31

*N*o sigas esperando. Busca maneras de sorprender a tu familia con pequeños regalos de amor cada día. Por la noche coloca una fotografía en la almohada de tu mamá. Juega un juego especial con tu hermanita. Dile a tu hermano mayor cuánto lo quieres. Dile a tu papá «gracias» por trabajar tanto para la familia.

   Los regalos no tienen que ser grandes. Solo tienen que nacer de tu corazón.

Amor

Cada día te brinda una nueva oportunidad para celebrar el amor de Dios al mostrárselo a otros. Le recordará a tu familia que las bondades de Dios perduran todo el año, ¡y toda nuestra vida!

En aquel tiempo gobernaba a Israel una profetisa llamada Débora, que era esposa de Lapidot. Ella tenía su tribunal bajo la Palmera de Débora, entre Ramá y Betel, en la región montañosa de Efraín, y los israelitas acudían a ella para resolver sus disputas.

Débora mandó llamar a Barac hijo de Abinoán, que vivía en Cedes de Neftalí, y le dijo:

—El Señor, el Dios de Israel, ordena: "Ve y reúne en el monte Tabor a diez mil hombres de la tribu de Neftalí y de la tribu de Zabulón" [...]

Barac le dijo:

—Sólo iré si tú me acompañas; de lo contrario, no iré.

—¡Está bien, iré contigo! —dijo Débora—. Pero, por la manera en que vas a encarar este asunto, la gloria no será tuya, ya que el Señor entregará a Sísara en manos de una mujer.

Así que Débora fue con Barac hasta Cedes.

JUECES 4.4–6, 8–9

Una situación vergonzosa

Princesa encantadora

Estás en una tienda de víveres con tu mamá cuando descubres tu caramelo favorito. Le preguntas si te lo puede comprar, pero mamá dice «no». ¿Cómo reaccionarás?

A Dices: «Está bien, mamá» y diriges tu atención a algo diferente.

B Gritas: «¿Por qué no?» o «¡No es justo!».

C Discutes, le dices a tu mamá que crees que ella es tacaña.

D Comienzas a llorar, a quejarte o a suplicar.

$\mathscr{P}$uede ser que sientas la tentación de hacer todo lo que se indica en B, C y D. Siempre es difícil oír la palabra «no». Nos gusta hacer las cosas a nuestra manera y de inmediato. Pero Dios dice que obedecer y honrar a nuestros padres es más importante que obtener lo que queremos. Necesitamos confiar en que la voluntad de Dios es la mejor. Si queremos actuar como realeza, debemos siempre respetar lo que nos dicen nuestros padres, no importa lo que sea.

—Mira —dijo Noemí—, tu cuñada se vuelve a su pueblo y a sus dioses. Vuélvete con ella.

Pero Rut respondió:

—¡No insistas en que te abandone o en que me separe de ti!

»Porque iré adonde tú vayas, y viviré donde tú vivas. Tu pueblo será mi pueblo, y tu Dios será mi Dios. Moriré donde tú mueras, y allí seré sepultada.

¡Que me castigue el SEÑOR con toda severidad si me separa de ti algo que no sea la muerte! [...]

Así fue como Noemí volvió de la tierra de Moab acompañada por su nuera, Rut la moabita. Cuando llegaron a Belén, comenzaba la cosecha de cebada [...]

[Booz dijo:]

—Que el Señor te bendiga, hija mía. Esta nueva muestra de lealtad de tu parte supera la anterior, ya que no has ido en busca de hombres jóvenes, sean ricos o pobres. Y ahora, hija mía, no tengas miedo. Haré por ti todo lo que me pidas. Todo mi pueblo sabe que eres una mujer ejemplar.

Rut 1.15–17, 22; 3.10–11

(Para saber más acerca de esta historia, lee los 4 capítulos del libro de Rut.)

Rut, una realeza secreta

A primera vista, Rut no parece pertenecer a la realeza. Se crió en un pueblo que no servía a Dios. Su esposo murió y ella no tenía dinero alguno. Así que ella y Noemí, la madre de su esposo, volvieron a Israel donde podrían estar más cerca de otros que amaban a Dios.

Dios bendijo a Rut por su bondad para con Noemí. Él le dio a Rut otro esposo que amaba y adoraba a Dios. Después todos tuvieron suficiente dinero y comida para seguir viviendo.

Princesas

$\mathcal{D}$ios también les dio un hijo que un día llegaría a ser el abuelo del rey David. Pasado un tiempo, Jesús nació de la descendencia de esta misma familia.

Rut nos recuerda que pertenecemos a la realeza, aunque por fuera no parezcamos ni muy ricos, ni poderosos. Pero, como cristianos, ¡somos hijos del Rey!

Una vez, estando en Siló, Ana se levantó después de la comida. Y a la vista del sacerdote Elí, que estaba sentado en su silla junto a la puerta del santuario del Señor, con gran angustia comenzó a orar al Señor y a llorar desconsoladamente. Entonces hizo este voto: «Señor Todopoderoso, si te dignas mirar la desdicha de esta sierva tuya y, si en vez de olvidarme, te acuerdas de mí y me concedes un hijo varón, yo te lo entregaré para toda su vida, y nunca se le cortará el cabello» [...]

—Vete en paz —respondió Elí—. Que el Dios de Israel te conceda lo que le has pedido [...]

Ana concibió y, pasado un año, dio a luz un hijo y le puso por nombre Samuel, pues dijo: «Al Señor se lo pedí.»

1 Samuel 1.9–11, 17, 20

Oídos celestiales

Ana tenía un problema. Ella quería tener un bebé. Sabía que no podía solucionar esto, pero Dios sí podría. Así que ella oró a Dios. Dios escuchó sus oraciones y le dio un bebé varón.

¿Qué necesitas hoy? ¿Necesitas ayuda para ser amable con tu hermana o hermano? ¿Te da miedo ir a la escuela? ¿Quieres ayuda para hablarles a otros acerca de Jesús? ¿Necesitas ayuda para obedecer a tu mamá o tu papá?

Dios dice que él quiere que se lo contemos ¡todo! Si estás pensando en algo, cuéntaselo a Dios. Puedes orar mientras caminas, cuando vas en el auto, cuando juegas afuera o mientras estés haciendo cualquier otra cosa. Dios promete escuchar. Lo mejor de todo, él sabe exactamente lo que en verdad tú necesitas. Aunque sus respuestas no sean lo que esperas, su manera de hacer las cosas es siempre lo mejor para nosotros.

Héroe

Siempre necesitamos orar por todo. Debemos orar durante los tiempos buenos y hasta cuando estamos pasando tiempos difíciles. Esto nos enseña a confiar en Dios. Orar es una invitación para que Dios haga su obra maravillosa en nuestras vidas.

Elí ya se estaba quedando ciego. Un día, mientras él descansaba en su habitación, Samuel dormía en el santuario, donde se encontraba el arca de Dios. La lámpara de Dios todavía estaba encendida. El Señor llamó a Samuel, y éste respondió:

—Aquí estoy.

Y en seguida fue corriendo a donde estaba Elí, y le dijo:

—Aquí estoy; ¿para qué me llamó usted?

—Yo no te he llamado —respondió Elí—. Vuelve a acostarte. Y Samuel volvió a su cama.

Pero una vez más el Señor lo llamó:

—¡Samuel!

Él se levantó, fue a donde estaba Elí y le dijo:

—Aquí estoy; ¿para qué me llamó usted?

—Hijo mío —respondió Elí—, yo no te he llamado. Vuelve a acostarte.

Samuel todavía no conocía al Señor, ni su palabra se le había revelado.

Por tercera vez llamó el Señor a Samuel. Él se levantó y fue a donde estaba Elí.

—Aquí estoy —le dijo—; ¿para qué me llamó usted?

Entonces Elí se dio cuenta de que el Señor estaba llamando al muchacho.

—Ve y acuéstate —le dijo Elí—. Si alguien vuelve a llamarte, dile: "Habla, Señor, que tu siervo escucha."

Así que Samuel se fue y se acostó en su cama. Entonces el Señor se le acercó y lo llamó de nuevo:

—¡Samuel! ¡Samuel!

—Habla, que tu siervo escucha —respondió Samuel.

1 Samuel 3.2–10

Una lección acerca de escuchar

Saluda al público

Instrucciones: Mamá será Elí y la voz de Dios. La princesa será Samuel. Comienza con Samuel acostado en su cama. Disminuye la luz. Usa linternas o lámparas para alumbrarte. La caja representa el «arca del pacto» y debe estar en la habitación.

Lo que necesitarás:
- una caja
- una cama
- una linterna o lámpara

Mamá: *(Lee la apertura.)* «El niño Samuel servía al Señor mediante Elí. Una noche Elí estaba acostado en su cama. Samuel también estaba acostado en el santuario del Señor. El arca del pacto estaba en el santuario. La lámpara de Dios todavía ardía».

Mamá *(con una voz profunda)*: «¡Samuel! ¡Samuel!».

Princesa: «¡Aquí estoy!». *(Levántate y corre hacia Elí.)* «Aquí estoy. Tú me llamaste».

Mamá *(como Elí)*: «Yo no te llamé. Vuelve a acostarte». *(Samuel vuelve a acostarse.)*

Mamá *(con una voz profunda)*: «¡Samuel! ¡Samuel!».

Princesa *(vuelve a correr hacia Elí)*: «Aquí estoy. ¡Tú me llamaste!».

Mamá *(como Elí)*: «Yo no te llamé. Regresa a tu cama». *(Samuel vuelve a acostarse.)*

Mamá *(con una voz profunda)*: «¡Samuel! ¡Samuel!».

Princesa *(corre hasta Elí)*: «¡Aquí estoy! ¡Tú me llamaste!».

Mamá *(como Elí)*: «Debe ser el Señor Dios quien te está llamando. Si te vuelve a llamar, di: "Habla, Señor, soy tu siervo y te escucho"». *(Samuel vuelve a acostarse.)*

Mamá *(con una voz profunda)*: «¡Samuel, Samuel!».

Princesa: «Habla, Señor, soy tu siervo y te escucho».

Mamá: *(Narra el final.)* «El Señor estaba con Samuel a medida que este crecía. Él no dejó de cumplir ninguno de los mensajes de Samuel. Entonces todo Israel, desde Dan hasta Berseba, supo que Samuel era un profeta».

¡¡Saluda al público!!

Repaso de los personajes

¿Qué estaba en la habitación donde dormía Samuel? *(El arca del pacto del Señor.)*

¿Por qué era importante? *(La presencia de Dios estaba muy vinculada al local del arca del pacto.)*

¿Por qué al principio Samuel no sabía que Dios le estaba hablando? *(En aquellos tiempos Dios no le hablaba mucho directamente a la gente. Samuel nunca antes había oído a Dios.)*

¿De qué maneras escuchamos hoy a Dios? *(A través de su Palabra escrita para nosotros. Además, su Santo Espíritu en nuestros corazones nos recuerda la verdad de Dios.)*

¿Eres demasiado joven para escuchar a Dios? *(No.)*

El Señor le dijo a Samuel: [...] Voy a enviarte a Belén, a la casa de Isaí, pues he escogido como rey a uno de sus hijos [...]

Cuando llegaron, Samuel se fijó en Eliab y pensó: «Sin duda que éste es el ungido del Señor.» Pero el Señor le dijo a Samuel:

—No te dejes impresionar por su apariencia [...] La gente se fija en las apariencias, pero yo me fijo en el corazón [...]

Samuel tomó el cuerno de aceite y ungió al joven en presencia de sus hermanos. Entonces el Espíritu del Señor vino con poder sobre David, y desde ese día estuvo con él.

1 Samuel 16.1, 6–7, 13

Pero dichosos los ojos de ustedes
porque ven, y sus oídos porque oyen.

MATEO 13.16

La vida a través de los espejuelos de Dios

Secretos de belleza

¿Necesitas usar espejuelos para ver bien? ¿Conoces a alguien que los use? Los espejuelos ayudan a nuestros ojos a ver con más claridad lo que está frente a nosotros. De muchas maneras, la Biblia es como los espejuelos para los hijos de Dios. Nos ayuda a ver la verdad de Dios en el mundo que nos rodea.

Las personas que no conocen a Dios no podrán ver la vida de la manera en que nosotros la vemos. Dios quiere que nosotros veamos a los demás a través de sus espejuelos. No necesitamos mirar su ropa, su cabello o su figura para ver si son importantes. Otras personas son importantes porque Dios las ama, y nosotros debemos amarlas también.

Belleza

Consejos de belleza

¿Tienes tú (o tu mamá) un par de espejuelos oscuros para el sol? Pruébatelos. ¿Se ven las cosas diferentes? Pídele a Dios que te ayude a ver su mundo de la misma manera que él lo ve. Pídele que te ayude a amar a los demás por lo que son en su interior, y no por lo que veas en el exterior.

Elías se presentó ante el pueblo y dijo:

—¿Hasta cuándo van a seguir indecisos? Si el Dios verdadero es el SEÑOR, deben seguirlo; pero si es Baal, síganlo a él.

El pueblo no dijo una sola palabra [...]

Entonces Elías les dijo a los profetas de Baal:

—Ya que ustedes son tantos, escojan uno de los bueyes y prepárenlo primero. Invoquen luego el nombre de su dios, pero no prendan fuego.

Los profetas de Baal tomaron el buey que les dieron y lo prepararon, e invocaron el nombre de su dios desde la mañana hasta el mediodía.

—¡Baal, respóndenos! —gritaban...

Pero no se escuchó nada, pues nadie respondió [...]

Entonces Elías le dijo a todo el pueblo:

—¡Acérquense!

Así lo hicieron. Como el altar del Señor estaba en ruinas, Elías lo reparó [...]

A la hora del sacrificio vespertino, el profeta Elías dio un paso adelante y oró así: «Señor, Dios de Abraham, de Isaac y de Israel, que todos sepan hoy que tú eres Dios en Israel, y que yo soy tu siervo y he hecho todo esto en obediencia a tu palabra. ¡Respóndeme, Señor, respóndeme, para que esta gente reconozca que tú, Señor, eres Dios, y que estás convirtiendo a ti su corazón!»

En ese momento cayó el fuego del Señor y quemó el holocausto, la leña, las piedras y el suelo, y hasta lamió el agua de la zanja. Cuando todo el pueblo vio esto, se postró y exclamó: «¡El Señor es Dios! ¡El Señor es Dios!».

1 Reyes 18.21, 25–26, 30, 36–39

Mi papá es más grande

Mi héroe

Imagina que vas a acampar con tu familia. Papá te dice que reúnas ramitas para la fogata. Después que las amontonas, ¡tu papá les echa agua! Entonces clama a Dios para que comience el fuego. ¿Te parece algo loco?

Esto es similar a lo que Dios le pidió a su profeta Elías que hiciera. Dios quería probar que solo él es Dios y que toda la gente que adoraba ídolos falsos estaba equivocada. Cuando el pueblo vio la obra de Dios, se olvidó de Baal y volvió a seguir a Dios.

Todavía Dios quiere que la gente sepa que él lo gobierna todo. Hay muchas personas en este mundo que no conocen a nuestro Dios. Como los profetas de Baal, ellos quieren hacernos creer mentiras. Debemos recordar que Dios es nuestro Rey. Solo él tiene todo el poder. Podemos ser audaces y decirles a otros lo grande que es Dios. Nada puede derrotar a nuestro Padre celestial. ¡Él es el Rey de toda la creación!

Héroe

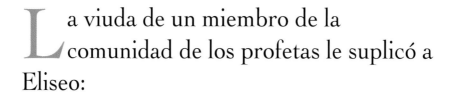

La viuda de un miembro de la comunidad de los profetas le suplicó a Eliseo:

—Mi esposo, su servidor, ha muerto, y usted sabe que él era fiel al Señor. Ahora resulta que el hombre con quien estamos endeudados ha venido para llevarse a mis dos hijos como esclavos.

—¿Y qué puedo hacer por ti? —le preguntó Eliseo—. Dime, ¿qué tienes en casa?

—Su servidora no tiene nada en casa —le respondió—, excepto un poco de aceite.

Eliseo le ordenó:

—Sal y pide a tus vecinos que te presten sus vasijas; consigue todas las que puedas.

Luego entra en la casa con tus hijos y cierra la puerta. Echa aceite en todas las vasijas y, a medida que las llenes, ponlas aparte.

En seguida la mujer dejó a Eliseo y se fue. Luego se encerró con sus hijos y empezó a llenar las vasijas que ellos le pasaban. Cuando ya todas estuvieron llenas, ella le pidió a uno de sus hijos que le pasara otra más, y él respondió: «Ya no hay.» En ese momento se acabó el aceite.

La mujer fue y se lo contó al hombre de Dios, quien le mandó: «Ahora ve a vender el aceite, y paga tus deudas. Con el dinero que te sobre, podrán vivir tú y tus hijos».

2 REYES 4.1–7

Óleo de alegría

Saluda al público

Instrucciones: Mamá será Eliseo. La princesa representará a la viuda. Otros hermanos pueden hacer el papel de los hijos o en su lugar puedes usar muñecas. Coloca vasos alrededor de la habitación que la princesa luego reunirá. Llena la jarra de agua y colócala encima de la mesa, cerca del centro de la habitación.

Lo que necesitarás:
- una jarra llena de agua
- varios vasos o tazas
- una chalina para la viuda
- una capa o manta para Eliseo

Princesa (*usando la chalina de la viuda, camina hasta Eliseo*): «Su siervo, mi esposo, está muerto. Usted sabe que él honraba al Señor. Pero ahora el hombre a quien él le debe dinero viene para llevarse a mis dos hijos. ¡Él los hará sus esclavos!».

Mamá (*usando la manta como Eliseo*): «¿En qué la puedo ayudar? Dígame, ¿qué tiene en su casa?».

Princesa: «No tengo nada excepto una vasija de aceite» (*señala la jarra de agua*).

Mamá: «Ve y trae jarras vacías de tus vecinos. Trae muchas. Luego debes ir a tu casa y cerrar la puerta. Solo tú y tus hijos estarán allí. Entonces echa el aceite en las jarras. Coloca las llenas a un lado».

Princesa: *(Camina por la habitación y reúne los vasos que están allí. Pretende tocar en las puertas de los vecinos pidiendo más vasijas. Luego ve a la mesa y echa agua en cada uno de los vasos.)* «No hay más jarras para llenar. ¡Esta vasija de aceite llenó todos los recipientes que tengo!».

Mamá: «¡Muy bien!». Ahora vete. Vende el aceite y paga lo que debes. Tú y tus hijos podrán vivir con lo que les quede».

¡¡Saluda al público!!

Repaso de los personajes

¿Por qué la viuda estaba tan alterada? *(Su esposo estaba muerto, ella no tenía dinero e iban a vender a sus hijos como esclavos.)*

¿Por qué Eliseo le dijo que consiguiera jarras de sus vecinos? *(Para guardar el aceite.)*

¿Cómo pudo ella llenar tantas jarras con solo una vasija de aceite? *(Fue un milagro de Dios.)*

¿Cómo el aceite la ayudó a ella y a sus hijos? *(Ella pudo venderlo y ganar dinero para vivir.)*

Si tú tienes una necesidad, ¿qué debes hacer? *(Al igual que la viuda, pídele ayuda a Dios y confía en que él proveerá.)*

Naamán, jefe del ejército del rey de Siria, era un hombre de mucho prestigio y gozaba del favor de su rey porque, por medio de él, el SEÑOR le había dado victorias a su país. Era un soldado valiente, pero estaba enfermo de lepra.

En cierta ocasión los sirios, que salían a merodear, capturaron a una muchacha israelita y la hicieron criada de la esposa de Naamán. Un día la muchacha le dijo a su ama: «Ojalá el amo fuera a ver al profeta que hay en Samaria, porque él lo sanaría de su lepra.»

Naamán fue a contarle al rey lo que la muchacha israelita había dicho [...]

Al leer la carta, el rey de Israel se rasgó las vestiduras y exclamó: «¿Y acaso soy Dios, capaz de dar vida o muerte, para que ese tipo me pida sanar a un leproso? ¡Fíjense bien que me está buscando pleito!» […]

Así que Naamán, con sus caballos y sus carros, fue a la casa de Eliseo y se detuvo ante la puerta. Entonces Eliseo envió un mensajero a que le dijera: «Ve y zambúllete siete veces en el río Jordán; así tu piel sanará, y quedarás limpio» […]

Así que Naamán bajó al Jordán y se sumergió siete veces, según se lo había ordenado el hombre de Dios. ¡Y su piel se volvió como la de un niño, y quedó limpio!

Luego Naamán volvió con todos sus acompañantes y, presentándose ante el hombre de Dios, le dijo:

—Ahora reconozco que no hay Dios en todo el mundo, sino sólo en Israel. Le ruego a usted aceptar un regalo de su servidor.

2 Reyes 5.1–4, 7, 9–10, 14–15

De harapos a riquezas verdaderas

Saluda al público

Lo que necesitarás:
- papel higiénico
- una corona
- una mantilla o capucha

Instrucciones: La escena comienza con la niña sierva (la princesa) y la esposa (la mamá) de Naamán. Luego cambian los papeles a Naamán (representado por la princesa), el rey de Israel y Eliseo (representados ambos por mamá).

Mamá *(como la esposa de Naamán hablándole a la niña sierva)*: «Naamán es un hombre tan bueno. Él es el capitán del ejército del rey. Ganó muchas batallas y peleó con gran valor. ¡Pero no puede pelear contra esta enfermedad de la piel que es tan terrible!».

Princesa: «Señora, tengo una idea. Hay un profeta que vive en Samaria. Él puede sanar a su esposo de esta enfermedad. Su nombre es Eliseo».

Mamá: «¡Se lo diré en seguida!». *(Se cierra la escena. Se cambian los papeles.)*

Princesa *(en harapos)*: «Tengo 340 kilos de plata y 68 kilos de oro. De seguro el rey de Israel me ayudará». *(Camina hacia mamá, que está usando la corona.)* «Escucha, oh rey de Israel. Esta carta es de mi rey de Arán. Él pide que tú me sanes de la enfermedad de mi piel».

Instrucciones: Usa el papel higiénico para envolver los brazos, las piernas y el cuerpo de la princesa como si fuera una momia. La mamá, como el rey de Israel, usará la corona. Al hablar como Eliseo, se quita la corona y usa la mantilla o capucha.

Mamá *(como rey)*: *(Se quita la capucha y se muestra enfadada.)* «¿Qué? ¡No soy Dios! ¡No puedo matar y revivir a la gente! Creo que el rey de Arán debe estar tratando de comenzar una guerra conmigo. Mira, Eliseo me envió esta carta. Él dice que puede ayudarte. ¡Ve a él!».

Princesa: *(Camina hasta la puerta, o mesa, y llama.)* «¡Eliseo, Eliseo! He venido a pedirte ayuda».

Mamá *(como Eliseo, usando la capucha)*: «Ve y lávate siete veces en el río Jordán y quedarás limpio».

Princesa: *(Pretende hundirte siete veces en el río. Quítate el papel higiénico.)* «¡Mira, mi piel está como la de un joven! Me han sanado. ¡Ahora sé que no hay otro Dios en toda la tierra excepto en Israel!

¡¡Saluda al público!!

Repaso de los personajes

¿Cuál era el problema de Naamán? *(Tenía una enfermedad de la piel que nadie podía curar.)*

¿Quién le habló de Eliseo? *(La niña sierva de Naamán que era de Israel.)*

¿Tenía el rey de Israel suficiente poder para ayudar a Naamán? *(No.)*

¿Quién ayudó a Naamán? *(Eliseo.)*

¿Cómo? *(Se lavó siete veces en el río Jordán.)*

¿De verdad puedes lavar una enfermedad de la piel? *(No.)*

¿Quién fue el que de verdad sanó a Naamán? *(Dios.)*

Entonces los ayudantes personales del rey hicieron esta propuesta: «Que se busquen jóvenes vírgenes y hermosas para el rey» [...]

Mardoqueo tenía una prima llamada Jadasá. Esta joven, conocida también como Ester, a quien había criado porque era huérfana de padre y madre, tenía una figura atractiva y era muy hermosa. Al morir sus padres, Mardoqueo la adoptó como su hija.

Cuando se proclamaron el edicto y la orden del rey, muchas jóvenes fueron reunidas en la ciudadela de Susa y puestas al cuidado de Jegay. Ester también fue llevada al palacio del rey y confiada a Jegay, quien estaba a cargo del harén.

La joven agradó a Jegay y se ganó su simpatía. Por eso él se apresuró a darle el tratamiento de belleza y los alimentos especiales. Le asignó las siete doncellas más distinguidas del palacio y la trasladó con sus doncellas al mejor lugar del harén [...]

El rey se enamoró de Ester más que de todas las demás mujeres, y ella se ganó su aprobación y simpatía más que todas las otras vírgenes. Así que él le ciñó la corona real y la proclamó reina en lugar de Vasti.

ESTER 2.2, 7–9, 17

(Para saber más acerca de esta historia, lee los primeros 8 capítulos del libro de Ester.)

Ester

Ester, hermosa por dentro y por fuera

No se esperaba que Ester fuera importante. Sus padres habían muerto. Luego de quedar huérfana, su primo Mardoqueo la crió. Ellos eran judíos que vivían en la tierra extranjera de Persia. El rey de Persia no conocía a Dios.

Pero Dios sí conocía a Ester. Él tenía reservado algo especial para ella. El rey de Persia escogió a Ester para que fuera la reina de todas las demás mujeres en el reino. Ester no se convirtió en una orgullosa ni se olvidó de su pueblo.

Princesas

*P*or el contrario, ella usó su posición en el reino para ayudar a salvar a todos los judíos de un malvado hombre llamado Amán. Amán quería matar al pueblo de Dios para así obtener más poder. Ester confió en que Dios la protegería. Al final, mataron a Amán y el pueblo de Dios vivió en paz.

¿Alguna vez te sentiste ordinaria y que no te amaban? Recuerda que Dios también te ve. Él te ama y por ese motivo tú puedes ser tan valiente como Ester y obedecer lo que dice Dios. Confía en Jesús a medida que él te muestra tu lugar especial en su mundo.

Ester le envió a Mardoqueo esta respuesta: «Ve y reúne a todos los judíos que están en Susa, para que ayunen por mí. Durante tres días no coman ni beban, ni de día ni de noche. Yo, por mi parte, ayunaré con mis doncellas al igual que ustedes. Cuando cumpla con esto, me presentaré ante el rey, por más que vaya en contra de la ley. ¡Y si perezco, que perezca!»

Entonces Mardoqueo fue y cumplió con todas las instrucciones de Ester.

Al tercer día, Ester se puso sus vestiduras reales y fue a pararse en el patio interior del palacio, frente a la sala del rey.

El rey estaba sentado allí en su trono real, frente a la puerta de entrada. Cuando vio a la reina Ester de pie en el patio, se mostró complacido con ella y le extendió el cetro de oro que tenía en la mano. Entonces Ester se acercó y tocó la punta del cetro.

ESTER 4.15—5.2

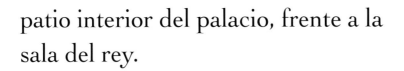

La excusa perfecta

Acabas de comer. Todavía estás sentada a la mesa cuando notas que tus padres están ocupados hablando entre ellos. Tú deberías:

A Pararte e irte.

B Interrumpir la conversación para decirles que ya terminaste.

C Esperar hasta que terminen de hablar y entonces pedir permiso para levantarte de la mesa.

Si tu respuesta es C, en verdad eres una princesa en potencia. Es de buena educación dejar que otros hablen primero antes de tú comenzar a hablar. Todavía mejor es decir «con permiso» si es que necesitaras hablar y decirles algo a los adultos. ¡Decir «con permiso» también obra maravillas si eructas, estornudas o si solo necesitas llegar a un lugar sin tumbar a otra persona!

Firme está, oh Dios, mi corazón;
firme está mi corazón.

Voy a cantarte salmos.

¡Despierta, alma mía!

¡Despierten, arpa y lira!

¡Haré despertar al nuevo día!

Te alabaré, Señor, entre los pueblos,
te cantaré salmos entre las
naciones.

Pues tu amor es tan grande que llega
a los cielos;

¡tu verdad llega hasta el firmamento!

¡Tú, oh Dios, estás sobre los cielos;
tu gloria cubre toda la tierra!

Salmos 57.7–11

Levántate y brilla

¿Qué es lo primero que haces al levantarte por la mañana? ¿Saltas de la cama y vas al baño? ¿Te lavas los dientes? ¿Juegas? ¿Subes a la cama con tu mamá y tu papá? Cada día es un nuevo día. Cada día te da una nueva oportunidad para descubrir todas las divertidas bendiciones que Dios tiene esperando por ti.

Pero lo mejor de todo sucede, incluso, antes de levantarte, mientras todavía te estás acurrucando bajo las frazadas.

Cuando todavía todo está tranquilo, cuando la luz apenas comienza a entrar por la ventana, tú puedes hablar con Dios. Puedes pensar en su bondad. Recuerda que él te ama. Puedes darle las gracias por velar por ti durante la noche. Luego, entrégale el día que recién comienza. Pídele que te guíe durante ese día.

Adóralo

Al igual que los pajaritos fuera de la ventana, tú puedes cantar tu alabanza y agradecimiento a él. Es la mejor manera de empezar un hermoso día con Jesús. Puedes murmurar una feliz tonada mientras te cepillas los dientes.

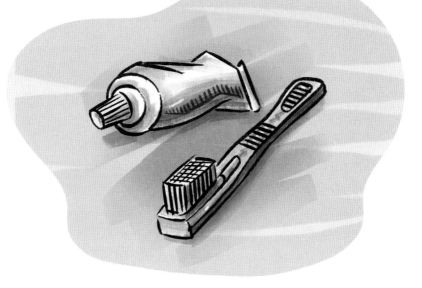

Oh Dios, tú eres mi Dios;
   yo te busco intensamente.

Mi alma tiene sed de ti;
   todo mi ser te anhela,
   cual tierra seca, extenuada y sedienta.

Te he visto en el santuario
   y he contemplado tu poder y tu gloria.

Tu amor es mejor que la vida;
   por eso mis labios te alabarán.

Te bendeciré mientras viva,
   y alzando mis manos te invocaré.

Mi alma quedará satisfecha
   como de un suculento banquete,
   y con labios jubilosos
   te alabará mi boca.

SALMOS 63.1–5

Señales de vida

¡Te adoro!

¿Sabías que no todos pueden cantar con sus voces? Los que están sordos no pueden escuchar música. Ni siquiera pueden escucharse a sí mismos cuando hablan o cantan. Así que ellos hablan y cantan de una manera diferente y entusiasta, ¡con sus manos!

Además, los movimientos de las manos acompañados de la música pueden ayudarnos a sentir y comprender las palabras mucho mejor. Al usar nuestras manos y brazos nos ayudamos a expresar el gozo y entusiasmo que está en nuestros corazones.

$\mathcal{Y}$a sea que escuchemos con nuestros oídos o cantemos con nuestras voces, Dios quiere que lo adoremos con todo lo que tenemos en nosotros. ¿De cuántas maneras diferentes puedes pensar en la adoración?

Actividad

Usa la canción «Cristo me ama», y crea movimientos con tus manos que te ayuden a mostrar las palabras de la canción. ¡Luego cántasela al Señor, usando tu boca y tus manos!

Cristo me ama

ANNA B. WARNER

Canción

Cristo me ama bien lo sé

Su Palabra me hace ver

Que los niños son de Aquel

Quien es nuestro amigo fiel.

Cristo me ama,

Cristo me ama,

Cristo me ama,

La Biblia dice así.

Ya que has puesto al Señor por tu refugio,

al Altísimo por tu protección,
ningún mal habrá de sobrevenirte,
ninguna calamidad llegará a tu
hogar.

Porque él ordenará que sus ángeles
te cuiden en todos tus caminos.

Con sus propias manos te levantarán
para que no tropieces con piedra
alguna.

SALMOS 91.9–12

Salmos

Ayuda celestial

En lo profundo de mi corazón

¿Sabías que los ángeles son reales? ¡Es cierto! Dios creó seres especiales que normalmente no podemos ver con nuestros ojos. Él los hizo antes de crear a las personas. Ellos sirven a Dios y lo adoran en los cielos.

Porción para memorizar:

Porque él ordenará
que sus ángeles te cuiden
en todos tus caminos.

SALMOS 91.11

Cuando Dios nos creó, les dio a los ángeles otro trabajo especial. Les dijo que protegieran y cuidaran a sus hijos reales. Así que diviértete trabajando, jugando y hasta durmiendo. Dios y sus ángeles te velan y te guían. Tú nunca estás sola y nunca tienes que sentir temor.

Corazón

Noche y día

AUTOR DESCONOCIDO

Noche y día, ángeles velan por mí,
  Señor.

Noche y día, ángeles velan por mí.

Me acuesto a dormir

Ángeles velan por mí, Señor.

Duerme hija, a descansar.

Ángeles velan por mí.

Noche y día, ángeles velan por mí,
  Señor.

Noche y día, ángeles velan por mí.

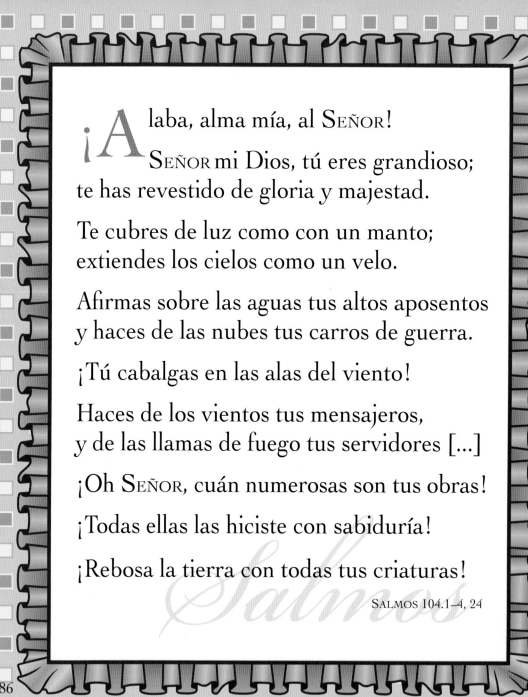

¡Alaba, alma mía, al Señor!

Señor mi Dios, tú eres grandioso;
te has revestido de gloria y majestad.

Te cubres de luz como con un manto;
extiendes los cielos como un velo.

Afirmas sobre las aguas tus altos aposentos
y haces de las nubes tus carros de guerra.

¡Tú cabalgas en las alas del viento!

Haces de los vientos tus mensajeros,
y de las llamas de fuego tus servidores [...]

¡Oh Señor, cuán numerosas son tus obras!

¡Todas ellas las hiciste con sabiduría!

¡Rebosa la tierra con todas tus criaturas!

Salmos 104.1–4, 24

El cielo en la tierra

¡Te adoro!

¿Alguna vez te preguntaste cómo será el cielo? Dios nos da pequeños vislumbres a nuestro alrededor en el mundo que él creó. Mira las estrellas. ¿Las podrías contar? Mira las montañas. ¿Podría una persona hacer algo tan grande y espléndido? Mira el océano lleno de criaturas asombrosas. Mira la puesta del sol y todos sus hermosos colores. ¿Hay alguien más creativo que Dios?

La creación de Dios proclama a voces
lo increíble que es él. Cuando vemos
los pequeños botones de las flores o los
enormes truenos del verano, necesitamos
recordar al único que lo hizo todo. Piensa
cuán espectacular es su creación. Luego
dile a Dios, el
Creador, cuán
maravilloso
tú crees
que es él
por haberlo
hecho así.

Adóralo

El mundo es de mi Dios

MALTBIE D. BABCOCK

TRADUCCIÓN: F. PAGURA

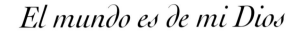

El mundo entero es
del Padre celestial;

Su alabanza en la creación
escucho resonar.

¡De Dios el mundo es!
¡Qué grato es recordar
Que en el autor de tanto bien
podemos descansar!

Dichosos los que van por caminos perfectos,
los que andan conforme a la ley del Señor.

Dichosos los que guardan sus estatutos
y de todo corazón lo buscan [...]

¿Cómo puede el joven llevar una vida íntegra?

Viviendo conforme a tu palabra.

Yo te busco con todo el corazón;
no dejes que me desvíe de tus mandamientos.

En mi corazón atesoro tus dichos
para no pecar contra ti.

¡Bendito seas, Señor!

¡Enséñame tus decretos!

Salmos 119.1–2, 9–12

El tesoro escondido de Dios

En lo profundo de mi corazón

*L*a Biblia tiene muchas palabras escritas. De hecho, es probable que sea el libro más grande que exista en tus estantes. Entonces, ¿cómo una princesa podrá recordar todas las palabras que el Padre celestial le ha dicho a ella?

Porción para memorizar:

¿Cómo puede el joven
llevar una vida íntegra?
Viviendo conforme a tu palabra.

SALMOS 119.9

$\mathcal{R}$ecuerda que Dios puso su Espíritu dentro de tu corazón para ayudarte a aprender sus caminos. Pídele al Espíritu Santo que te ayude. Luego, cuando escuches un versículo especial que te ayude a conocer mejor a Dios, cuéntaselo a tus padres. Léelo cada día cuando te levantes, a la hora de las comidas, en el auto o cuando pienses en él. Pronto la Palabra de Dios estará escondida en tu corazón como un tesoro, y nunca la olvidarás.

$\mathcal{C}orazón$

Yo tengo gozo en mi corazón

GEORGE WILLIS COOKE

Yo tengo gozo, gozo en mi corazón,
en mi corazón, en mi corazón.

Yo tengo gozo, gozo en mi corazón,
porque Cristo me salvó.

Y ese gozo viene de mi Salvador
de mi Salvador, de mi Salvador.

Y ese gozo viene de mi Salvador
y es el gozo que me da el Señor.

T ú creaste mis entrañas;
me formaste en el vientre de mi madre.

¡Te alabo porque soy una creación
admirable!

¡Tus obras son maravillosas,
y esto lo sé muy bien!

Mis huesos no te fueron desconocidos
cuando en lo más recóndito era yo formado,
cuando en lo más profundo de la tierra
era yo entretejido.

Tus ojos vieron mi cuerpo en gestación:
todo estaba ya escrito en tu libro;
todos mis días se estaban diseñando,
aunque no existía uno solo de ellos.

SALMOS 139.13–16

Salmos

A la moda y fabulosa

En lo profundo de mi corazón

uando te miras al espejo, ¿te gusta lo que ves? ¡A Dios sí le gusta! De hecho, Dios te planeó durante mucho tiempo. Incluso antes de hacer la tierra, Dios sabía exactamente cuándo y cómo él te haría.

Porción para memorizar:

¡Te alabo porque soy
una creación admirable!
¡Tus obras son maravillosas,
y esto lo sé muy bien!

SALMOS 139.14

Dios hizo muy diferente a cada uno de sus hijos para que podamos darle la gloria a nuestra manera especial. ¿Son tus ojos pardos o azules? ¿Es tu cabello largo o corto? ¿Es tu piel suave o pecosa? Dale gracias a Dios ahora mismo por la manera creativa y hermosa en que te hizo. Luego pídele que te ayude a usar tus dones para bendecir a otros y glorificarlo a él.

Corazón

Actividad

¿Qué tienes que te hace tan especial? ¿Por qué crees que Dios te hizo de esa manera? Pídele a tu mamá que te ayude a enumerar tus características especiales para recordarte cómo Dios te ha bendecido. Dedica ahora un tiempo para darle gracias por hacerte como eres para su plan especial. Pídele que te muestre cómo usar tus dones para bendecir a otros.

Alábenlo con sonido de trompeta,
    alábenlo con el arpa y la lira.

Alábenlo con panderos y danzas,
    alábenlo con cuerdas y flautas.

Alábenlo con címbalos sonoros,
    alábenlo con címbalos resonantes.

¡Que todo lo que respira alabe al
    SEÑOR!

¡Aleluya! ¡Alabado sea el SEÑOR!

SALMOS 150.3–6

Salmos

Ruidos de alegría

¡Te adoro!

Emplea un tiempo para ir afuera. ¿Ves el gran cielo azul? ¿Puedes escuchar los pájaros y los grillos chirriando en el viento? Dios los creó a todos. Todo lo que él ha hecho se diseñó para traerle alabanza.

¿Qué de ti? ¿Estás lista para alabar al Señor? Todo lo que necesitas es una voz fuerte y un poco de creatividad.

¿Tienes algunos utensilios de cocina, como una cuchara de madera y una tapa grande de una olla? ¿Tienes un poco de arroz para echar dentro de una vasija con una tapa? Dale una mirada a tu habitación. ¿Ves alguna otra cosa que haga ruido? ¡Entonces, agárrala y vamos!

Dios dice que él quiere que declaremos su alabanza, y él tampoco quiere que nos quedemos quietos.

Adóralo

$\mathcal{U}$sa tus recién encontrados instrumentos para hacer ruidos de gozo para el Señor. Marcha alrededor de la habitación cantando tus alabanzas favoritas, o dando gracias a Dios en voz alta por lo grande que él es. Hasta puedes poner una alabanza en tu CD o iPod que te ayude. ¡No olvides tocar tus instrumentos!

La sabiduría es lo primero.
¡Adquiere sabiduría!

Por sobre todas las cosas, adquiere
 discernimiento.

Estima a la sabiduría, y ella te
 exaltará;
abrázala, y ella te honrará;
te pondrá en la cabeza una hermosa
diadema;
te obsequiará una bella corona.»

Escucha, hijo mío; acoge mis
 palabras,
y los años de tu vida aumentarán.

PROVERBIOS 4.7–10

Mujeres sabias

Verdades del reino

Salomón tuvo su oportunidad. Dios dijo que le podía dar cualquier cosa que quisiera. ¿Te imaginas? ¿Qué pedirías tú si pudieras tener cualquier cosa en el mundo?

Salomón se acababa de convertir en el rey que ocuparía el lugar de David, su padre. Él, más que nada, quería ser un gobernador sabio. Así que le pidió a Dios que le diera sabiduría. Dios estuvo más que complacido en brindarle sabiduría. ¡Lo hizo el hombre más sabio en el mundo y además le agregó fama y riquezas!

Dios dijo que nosotros también necesitamos desear ser sabios. ¿De dónde procede la sabiduría? ¡Viene de Dios! Él ayuda a nuestras mentes débiles a comprender la grandeza de Dios. Mientras más entendamos acerca de Dios, más sabios llegaremos a ser. Nuestra sabiduría cambia nuestros pensamientos, acciones y vida. Tomamos mejores decisiones que complacen a Dios. Comenzamos a pensar más como él. Entonces también somos capaces de ayudar a otros a conocer mejor a Dios. La sabiduría que viene de Dios es nuestra corona de belleza que nos guía a nosotros y a otros a él.

Hazlo tuyo

¿Cómo puedes obtener una mejor comprensión de Dios? En Santiago 1.5, Dios dijo que todo lo que tienes que hacer es ¡pedirla! A Dios en verdad le encanta darnos el don de la sabiduría. Él quiere que tú lo conozcas mejor y que comprendas sus caminos. Ahora mismo dedica un tiempo para pedirle a Dios que te haga sabia como Salomón. Recuerda estudiar su Palabra para que crezcas en su verdad.

¡Anda, perezoso, fíjate en la hormiga! ¡Fíjate en lo que hace, y adquiere sabiduría!

No tiene quien la mande,
ni quien la vigile ni gobierne;
con todo, en el verano almacena
provisiones y durante la cosecha recoge
alimentos.
Perezoso, ¿cuánto tiempo más seguirás
    acostado?
¿Cuándo despertarás de tu sueño?
Un corto sueño, una breve siesta,
un pequeño descanso, cruzado de
    brazos...
¡y te asaltará la pobreza como un
bandido,
y la escasez como un hombre armado!

PROVERBIOS 6.6–11

Sabiduría de las hormigas

Digna de amar

¡Salomón no quiere que las hormigas te piquen! Él solo quiere que tú mejores... que mejores el desempeño del trabajo que necesitas hacer. Él nos dice en Proverbios que observemos a las hormigas. ¿Alguna vez dejan de trabajar? ¿Es fácil su trabajo? ¿Se quejan alguna vez?

La verdad es que ellas nunca necesitan que se les diga qué deben hacer. Ellas conocen cuál es su trabajo, y simplemente lo hacen.

Entonces, ¿qué pasa contigo? ¿Sabes qué trabajos necesitan hacerse en la casa? ¿Sabes recoger tus platos después que terminas? ¿Sabes recoger los juguetes cuando terminas de jugar? ¿Lo haces por tu cuenta, o esperas hasta que tu mamá o tu papá te pidan que lo hagas?

Haz hoy tu primer día de hormiga. Mira por los alrededores de la casa y busca cómo ayudar a mamá a limpiar, comenzando con tu propio reguero. Arregla tu cama. Recoge tus juguetes.

Amor

Luego pregúntale a tu mamá si puedes sacudir los muebles o ayudarla de alguna otra forma. Trabajar sin que te lo pidan es una señal segura de que estás creciendo. También muestras el amor de Dios en tu corazón a medida que trabajas para servir a otros. ¡Te harás sabia como la hormiga y una ayuda maravillosa en tu hogar!

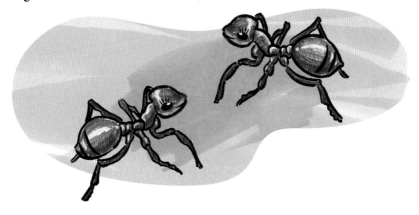

Mujer ejemplar, ¿dónde se hallará?
¡Es más valiosa que las piedras
    preciosas!
Su esposo confía plenamente en ella
y no necesita de ganancias mal habidas [...]
Cuando habla, lo hace con sabiduría;
cuando instruye, lo hace con amor.
Está atenta a la marcha de su hogar,
y el pan que come no es fruto del ocio.
Sus hijos se levantan y la felicitan;
también su esposo la alaba [...]
Engañoso es el encanto y pasajera la
    belleza;
la mujer que teme al Señor es digna de
    alabanza.

PROVERBIOS 31.10–11, 26–28, 30

Mujer ejemplar, ¿dónde se hallará? ¡Es más valiosa que las piedras preciosas!

PROVERBIOS 31.10

Tú eres una joya

secretos de belleza

¿Sabías que tú eres una princesa aprendiz? No serás una niñita para siempre. Todos los días creces en altura, en madurez y en inteligencia. ¿Estás guardando la Palabra de Dios en tu corazón? Entonces también estás creciendo más semejante a Jesús.

Es posible que un día Dios te permita crecer y casarte. Serás la reina de la casa. Quizás tendrás tus propios pequeños a quienes amar. Entonces, ¿cómo podrás ser una buena esposa y mamá? Comienza a practicar ahora. Aprende a amar y servir a otros. Usa tu tiempo con sabiduría. Trabaja con tu mamá para ver cómo ella lo hace. Más importante aun, pídele ayuda a Jesús. Si lo haces, él dice que serás todavía más bonita que una joya preciosa.

Belleza

Consejos de belleza

Escoge tu collar de cuentas favorito, el que te pones cuando quieres vestirte bien. (O puedes escoger un anillo.) Póntelo. Cada vez que lo toques o lo veas durante el día, recuerda que tú eres la joya preciosa de Dios. Luego pídele a Dios que te ayude a crecer hasta convertirte en la mujer especial que él quiere que seas.

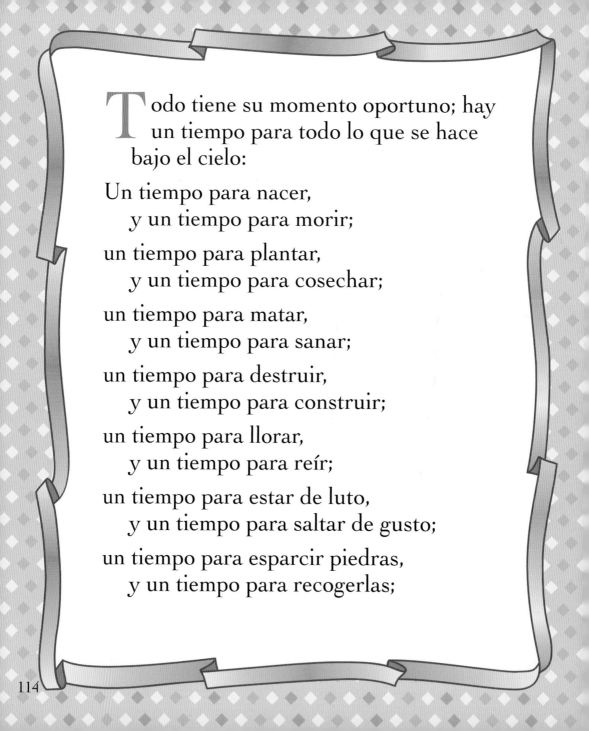

Todo tiene su momento oportuno; hay un tiempo para todo lo que se hace bajo el cielo:

Un tiempo para nacer,
   y un tiempo para morir;

un tiempo para plantar,
   y un tiempo para cosechar;

un tiempo para matar,
   y un tiempo para sanar;

un tiempo para destruir,
   y un tiempo para construir;

un tiempo para llorar,
   y un tiempo para reír;

un tiempo para estar de luto,
   y un tiempo para saltar de gusto;

un tiempo para esparcir piedras,
   y un tiempo para recogerlas;

un tiempo para abrazarse,
   y un tiempo para despedirse;

un tiempo para intentar,
   y un tiempo para desistir;

un tiempo para guardar,
   y un tiempo para desechar;

un tiempo para rasgar,
   y un tiempo para coser;

un tiempo para callar,
   un tiempo para hablar;

un tiempo para amar,
   y un tiempo para odiar;

un tiempo para la guerra,
   y un tiempo para la paz.

ECLESIASTÉS 3.1–8

Eclesiastés

No te impacientes

Princesa encantadora

Se terminó la Escuela Dominical y es hora de ir a la «iglesia grande» con tu mamá y tu papá. Después de estar sentada durante unos minutos, tú quieres hacer otra cosa. El predicador está hablando y todas las personas están en silencio. Tú decides:

A Preguntarles a tus padres una y otra vez: «¿Cuándo se va a terminar?».

B Deslizarte de tu silla y golpear a las personas que están delante de ti.

C Comenzar a pelear con tus hermanos y hermanas.

D Sentarte tranquila y escuchar. Hablar con Dios en silencio acerca de las cosas que estás pensando.

116

al vez quisieras gritar: «¿Por qué tengo que estar sentada aquí cuando pudiera estar haciendo otras cosas?». Y no es solo en la iglesia. A veces tienes que estar quieta en los restaurantes y en las casas de otras personas. Sentarte quieta y estar callada no es muy divertido. Pero todas las buenas princesas saben que hay un tiempo perfecto para cada cosa. Hay un tiempo para divertirse y un tiempo para estar tranquila. Ten paciencia. Escucha lo que está sucediendo a tu alrededor. ¡Quizá aprendas algunas cosas nuevas!

La hora de divertirte y jugar está al doblar la esquina.

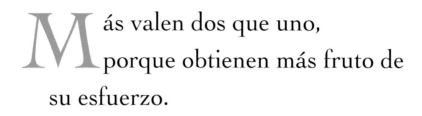

Más valen dos que uno,
porque obtienen más fruto de
su esfuerzo.

Si caen, el uno levanta al otro.

¡Ay del que cae
y no tiene quien lo levante!

Si dos se acuestan juntos,
entrarán en calor;
uno solo ¿cómo va a calentarse?

Uno solo puede ser vencido,
pero dos pueden resistir.

¡La cuerda de tres hilos
no se rompe fácilmente!

ECLESIASTÉS 4.9–12

Divertirse con las amistades

Princesa encantadora

Estás jugando con una de tus amigas favoritas. De repente, una nueva niña se les acerca y les pregunta si puede jugar con ustedes. Tú decides:

A Decirle que se aleje porque estás ocupada.

B Decirle que no hay espacio para todos.

C Invitarla a divertirse con ustedes.

D Decirle que no, que ella no es tu amiga.

A todos nos gusta pasar tiempo con los amigos. Después de todo, los amigos son un gran regalo de nuestro Rey celestial. Sin embargo, Dios quiere que amemos y seamos amables con todos, no solo con nuestros amigos. Él quiere que seamos amigos de aquellos que están solos. Cuando mostramos amabilidad a otros, los ayudamos a sentir el amor de Jesús a través de nosotros. También es una gran manera de conocerlos mejor. Pronto tendrás muchos amigos y amigas. ¡El tiempo para jugar será más divertido que nunca!

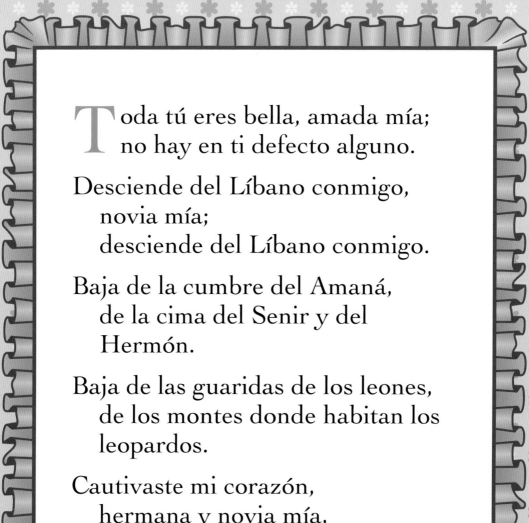

Toda tú eres bella, amada mía;
no hay en ti defecto alguno.

Desciende del Líbano conmigo,
    novia mía;
    desciende del Líbano conmigo.

Baja de la cumbre del Amaná,
    de la cima del Senir y del
    Hermón.

Baja de las guaridas de los leones,
    de los montes donde habitan los
    leopardos.

Cautivaste mi corazón,
    hermana y novia mía,
    con una mirada de tus ojos;

con una vuelta de tu collar
cautivaste mi corazón.

¡Cuán delicioso es tu amor,
hermana y novia mía!

¡Más agradable que el vino es tu
amor,
y más que toda especia
la fragancia de tu perfume!

CANTAR DE LOS CANTARES 4.7–10

123

La hermosa novia del Rey

$\mathcal{E}$n cada historia de una buena princesa hay un príncipe encantador que está listo para elegir a su novia. El rey Salomón encontró a su princesa de los cuentos de hadas. Ella era una mujer de la ciudad de Sulam. Aunque él nunca le dio un nombre, nos dijo mucho acerca de lo hermosa y maravillosa que era.

¿Por qué la mujer sulamita era tan especial? Ella amaba a Salomón con todo su corazón. Más que nada, a ella le encantaba estar con él. Todas sus amistades podían ver que eran perfectos el uno para el otro.

Princesas

Al final, el rey se casó con su hermosa novia para estar juntos y vivir felices para siempre.

Puede parecer extraño que en la Biblia haya una canción de amor. ¿Qué tiene que ver el matrimonio con Dios? Dios dice que su pueblo es como una novia hermosa. Un día estaremos junto a Jesús, al igual que un esposo y su esposa luego de unirse en matrimonio. La mujer sulamita amaba mucho a su esposo, y así también nosotros debemos amar a nuestro Rey Jesús con todo nuestro corazón. Nada en este mundo es mejor que pasar tiempo con él.

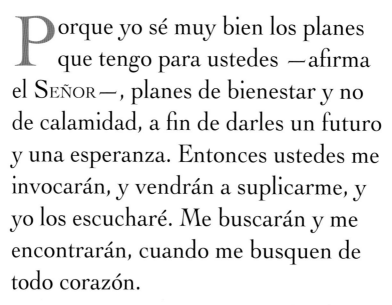

Porque yo sé muy bien los planes que tengo para ustedes —afirma el Señor—, planes de bienestar y no de calamidad, a fin de darles un futuro y una esperanza. Entonces ustedes me invocarán, y vendrán a suplicarme, y yo los escucharé. Me buscarán y me encontrarán, cuando me busquen de todo corazón.

JEREMÍAS 29.11–13

Jeremías

Planes de la promesa

En lo profundo de mi corazón

¿Qué tienen en común Cenicienta, Blancanieves y la Bella Durmiente? Todas ellas son princesas cuyas historias han tenido un final feliz. Aunque todas ellas vivieron situaciones difíciles, nos encanta oír sus historias porque sabemos que terminan bien.

Porción para memorizar:

«Porque yo sé muy bien los planes que tengo para ustedes —afirma el SEÑOR—, planes de bienestar y no de calamidad, a fin de darles un futuro y una esperanza».

JEREMÍAS 29.11

Dios también planeó una historia maravillosa para tu vida, princesita. Él ya la escribió en su libro en el cielo. En tu vida en la tierra, tú pasarás tiempos difíciles, al igual que las princesas de los cuentos de hadas. Pero el dolor te guiará a Jesús, nuestro Salvador y Rey. Dios promete que tu historia tendrá el final más feliz de todos. En el cielo disfrutaremos siempre de su amor y de la amistad con todos los demás creyentes.

Corazón

Sublime Gracia
JOHN NEWTON

Sublime gracia del Señor
Que a un pecador, salvó
Fui ciego mas hoy miro yo,
Perdido y él me halló.

Y cuando en Sión por siglos mil,
Brillando esté cual sol,
Yo cantaré por siempre allí,
Su amor que me salvó.

Me llena de esperanza:

El gran amor del Señor
nunca se acaba,
y su compasión jamás se agota.

Cada mañana se renuevan sus
bondades;
¡muy grande es su fidelidad!

Por tanto, digo:

«El Señor es todo lo que tengo.

¡En él esperaré!».

LAMENTACIONES 3.21–24

Lamentaciones

Listo... Ya... ¡A comenzar de nuevo!

Mi héroe

Ay, ay. Volviste a meter la pata. Y para empeorar las cosas, cometiste el mismo error de ayer. Y del día anterior. Y del día anterior a ese. En este momento ya no te sientes como una princesita de Dios. Tal vez hasta te dé miedo que Dios (al igual que tus padres) te vote del reino si te vuelves a equivocar. ¡Qué terrible sensación!

131

¿Sabes qué es lo grandioso acerca de Dios? Él es nuestro héroe hasta cuando cometemos errores una y otra vez. Él no mantiene una lista de nuestros errores. Dios hace que nuestros pecados se alejen para siempre cuando le decimos que lo sentimos mucho y le pedimos perdón.

Héroe

*P*retender que no nos equivocamos solo nos aleja más del perdón de Dios. Dile la verdad hoy, y pídele ayuda para tomar decisiones más sabias la próxima vez. Ora pidiendo que Dios te haga más fuerte y capaz de hacer las cosas correctas y buenas.

La palabra del Señor vino a Jonás hijo de Amitay: «Anda, ve a la gran ciudad de Nínive y proclama contra ella que su maldad ha llegado hasta mi presencia.»

Jonás se fue, pero en dirección a Tarsis, para huir del Señor. Bajó a Jope, donde encontró un barco que zarpaba rumbo a Tarsis. Pagó su pasaje y se embarcó con los que iban a esa ciudad, huyendo así del Señor.

Pero el Señor lanzó sobre el mar un fuerte viento, y se desencadenó una tormenta tan violenta que el barco amenazaba con hacerse pedazos [...]

Los marineros se aterraron aun más, y como sabían que Jonás huía del Señor pues él mismo se los había contado, le dijeron:

—¡Qué es lo que has hecho! [...]

—Tómenme y láncenme al mar, y el mar dejará de azotarlos —les respondió—. Yo sé bien que por mi culpa se ha desatado sobre ustedes esta terrible tormenta [...]

Así que tomaron a Jonás y lo lanzaron al agua, y la furia del mar se aplacó [...]

El Señor, por su parte, dispuso un enorme pez para que se tragara a Jonás, quien pasó tres días y tres noches en su vientre.

JONÁS 1.1–4, 10, 12, 15, 17

Las escondidas celestiales

Digna de amar

Tú puedes encontrarlos en la escuela. Puedes verlos en la iglesia. ¡Tal vez hasta estén en tu propia casa! Algunos niños son tímidos. Temen hacer nuevas amistades. En lugar de jugar con los demás, permanecen solos. Es posible que se vean bien, pero no te engañes. Ellos en realidad quieren tener un amigo.

¿Sabías que Dios quiere que juguemos a las escondidas? Él quiere que busquemos a otros niños que tal vez estén escondidos de todos los demás. Quiere que busquemos personas que quizá estén solas o dolidas.

l quiere que los busquemos y les hablemos de su amor por ellos. Invítalos a tu casa. Juega con ellos en la escuela. Déjales saber que ellos no tienen que tener miedo. Dios se ocupa de ellos y tú también.

¿Qué de ti? ¿Eres tú quien a veces siente temor? ¿Eres tan tímida que no puedes hacer amistad con otros niños? Pídele a Jesús que te ayude a ser valiente. Pídele que te ayude a quitarte esas ideas. En su lugar, piensa en otros como tú que necesitan una amiga. Luego ora, pidiéndole a Dios que abra tus ojos para encontrar a los que necesitan que se les quiera. Comienza el juego de Dios «a las escondidas». ¡Nunca sabrás quién será el próximo!

C uando ores, debes orar así:

«Padre nuestro que estás en el cielo,
santificado sea tu nombre,
   venga tu reino,
hágase tu voluntad
en la tierra como en el cielo.

Danos hoy nuestro pan cotidiano.

Perdónanos nuestras deudas,
como también nosotros hemos perdonado
   a nuestros deudores.

Y no nos dejes caer en tentación, sino
   líbranos del maligno».
[Porque tuyos son el reino y el poder
y la gloria para siempre. Amén.]

MATEO 6.9–13

Mateo

Ora como Jesús

En lo profundo de mi corazón

Tú eres una princesa, pero tu reino no es de este mundo. Tú perteneces a Jesús y el reino de Jesús está en los cielos y en los corazones de las personas. Dios quiere que oremos para que su reino crezca.

Porción para memorizar:

Venga tu reino,
hágase tu voluntad en la tierra
como en el cielo.

MATEO 6.10

Jesús usa nuestras oraciones para ayudar a construir su reino aquí en la tierra. Él aumenta su reino al cambiar los corazones de las personas y ayudándolas a amarle a él. Esta oración especial, que Jesús nos enseñó, nos ayuda a recordar que Dios está muy ocupado en su trabajo de agregar personas a la realeza de su reino. La oración nos permite llegar a ser parte de su gran obra.

Corazón

Actividad

¿Puedes recordar a alguien en tu vida que todavía no conozca a Jesús? Pídele a tu mamá que te escriba sus nombres en una tarjeta. Ora todas las noches de la semana por cada persona. Pídele a Jesús que ayude a esas personas a conocerlo. Pídele que cambie sus corazones y las agregue a su reino.

«Por tanto, todo el que me oye estas palabras y las pone en práctica es como un hombre prudente que construyó su casa sobre la roca. Cayeron las lluvias, crecieron los ríos, y soplaron los vientos y azotaron aquella casa; con todo, la casa no se derrumbó porque estaba cimentada sobre la roca. Pero todo el que me oye estas palabras y no las pone en práctica es como un hombre insensato que construyó su casa sobre la arena. Cayeron las lluvias, crecieron los ríos, y soplaron los vientos y azotaron aquella casa, y ésta se derrumbó, y grande fue su ruina».

Cuando Jesús terminó de decir estas cosas, las multitudes se asombraron de su enseñanza, porque les enseñaba como quien tenía autoridad, y no como los maestros de la ley.

MATEO 7.24–29

Corazones listos a aprender

Princesa encantadora

$\mathcal{A}$cabas de limpiar tu habitación y ahora podrás irte a jugar afuera. Se lo dices a tu mamá, pero ella cree que todavía debes hacer otros trabajos y empieza a señalarte más cosas que necesitas guardar. Tú:

A Escuchas con paciencia y limpias el resto del cuarto.

B Esperas hasta que ella se va y lo metes todo debajo de la cama.

C Discutes con ella, diciéndole que está equivocada y que el cuarto está limpio.

D Comienzas a llorar porque quieres salir en seguida.

¿Te gusta estar equivocada? ¡A nadie le gusta! Preferimos pensar que sabemos hacerlo todo. También nos gusta creer que lo hacemos todo perfectamente bien. Pero lo cierto es que no hay nadie perfecto, excepto Dios. El resto de nosotros tiene mucho que aprender. Dios dice que quiere que tengamos corazones listos a aprender. Cuando echamos a perder las cosas, no debemos encubrir el error. Lo que hace falta es admitir que tenemos un problema y dejar que otros, como nuestros padres, nos enseñen cómo hacer bien las cosas. Los corazones dispuestos a aprender agradan a Dios y nos ayudan a ser más sabios, inteligentes ¡y capaces de trabajar mejor!

145

[J]esús] subió a la barca y sus discípulos lo siguieron. De repente, se levantó en el lago una tormenta tan fuerte que las olas inundaban la barca. Pero Jesús estaba dormido. Los discípulos fueron a despertarlo.

—¡Señor —gritaron—, sálvanos, que nos vamos a ahogar!

—Hombres de poca fe —les contestó—, ¿por qué tienen tanto miedo?

Entonces se levantó y reprendió a los vientos y a las olas, y todo quedó completamente tranquilo.

Los discípulos no salían de su asombro, y decían: «¿Qué clase de hombre es éste, que hasta los vientos y las olas le obedecen?».

MATEO 8.23–27

146

¿Por qué preocuparte?

¡Te adoro!

$\mathcal{L}$os seguidores de Jesús tenían miedo. Una horrible tormenta se enfurecía alrededor de ellos. Estaban en un pequeño bote de pesca. Creyeron que iban a morir. ¿Qué estaba haciendo Jesús en cuanto a esto? ¡Durmiendo! Jesús no estaba preocupado. Él sabía quién estaba a cargo de esto. Él sabía que el Padre celestial se estaba ocupando de ellos.

Entonces, Jesús también mostró su poder. Cuando se despertó, le habló a los vientos y a las olas. Estos le obedecieron y se calmaron.

Jesús les recordó a sus seguidores (y a nosotros) que él es el Rey y controla todas las cosas. No tenemos que tener miedo de las enfermedades, las tormentas, los accidentes o la gente mala. Tal y como dice la famosa canción: Él tiene el mundo entero en sus manos. ¡Sucederá solo lo que Dios permite que suceda para realizar su gran plan!

Adóralo

Actividad

Canta la canción: «Él tiene el mundo entero en sus manos». Ahora piensa en algunas cosas que te preocupan. Agrega cada una a la estrofa y cántala en voz alta. Recuerda, ¡Dios lo tiene todo en sus manos!

Y [Jesús] les dijo en parábolas muchas cosas como éstas: «Un sembrador salió a sembrar. Mientras iba esparciendo la semilla, una parte cayó junto al camino, y llegaron los pájaros y se la comieron. Otra parte cayó en terreno pedregoso, sin mucha tierra. Esa semilla brotó pronto porque la tierra no era profunda; pero cuando salió el sol, las plantas se marchitaron y, por no tener raíz, se secaron. Otra parte de la semilla cayó entre espinos que, al crecer, la ahogaron. Pero las otras semillas cayeron en buen terreno, en el que se dio una cosecha que rindió treinta, sesenta y hasta cien veces más de lo que se había sembrado.

MATEO 13.3–8

Una dulce sorpresa

Saluda al público

Lo que necesitarás:

- varios paquetes de dulces
- un sombrero o capa amarilla
- una mesa
- una pluma
- piedras
- semillas/planta (real o artificial)

Instrucciones: Mamá será la campesina en la historia. Tu princesita representará las diferentes escenas que tienen semilla. Pídele que salga al patio para recoger algunas piedras, yerba mala u hojas para tu historia.

*Antes de comenzar la obra, usa cinta adhesiva o un cordón para dividir la mesa de la cocina en cuatro áreas. Coloca una pluma en la primera sección. En la próxima sección coloca algunas piedras. En la tercera sección, coloca una flor de diente de león, semillas, hojas o plantas artificiales. En la cuarta sección, coloca algunos paquetes pequeños de dulces.

Mamá: *(Comienza en la primera sección de la mesa.)* «Soy una campesina y necesito sembrar mis semillas. Creo que regaré algunas por aquí, en esta carretera». *(Deja caer algunos dulces sobre la primera sección.)*

Princesa: *(Actúa como un pájaro. Viene volando hasta la habitación y se come los dulces.)*

Mamá: «¡Ay, los pájaros se comieron mis semillas! Bueno, probaré con algunas semillas en esta tierra rocosa». *(Coloca unos caramelos al lado de las piedras en la segunda sección.)*

151

Princesa: *(Se pone la capa o el sombrero amarillo, y pretende ser el sol. Brilla sobre las semillas.)*

Mamá: «Ay, el sol secó las plantas porque la tierra formaba una capa muy delgada». *(Quita los dulces.)* «Creo que será mejor poner algunas semillas aquí». *(Coloca los caramelos en la tercera sección al lado de la hierba mala.)*

Princesa: *(Agarra las «semillas» y cómelas.)*

Mamá: «¿Qué pasó con las semillas?».

Princesa: «La hierba mala se las comió y ahora no hay».

Mamá: «Lo sé. Debo hacerlo en tierra buena». *(Esparce algunos caramelos en la cuarta sección.)* «¿Qué ves?».

Princesa: «¡Las plantas crecieron y ahora hay muchas! ¡Aquí debemos sembrar más!».

¡¡Saluda al público!!

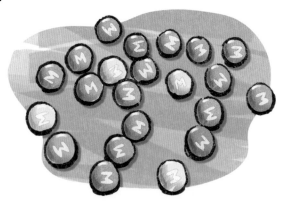

Repaso de los personajes

¿Qué representa la semilla? *(La Palabra de Dios.)*

¿Por qué los pájaros se comieron algunas? *(Porque nunca creció una raíz. Satanás procura robar la verdad.)*

¿Por qué algunas se secaron? *(No tenían suficiente tierra. No solo necesitamos escuchar la Palabra de Dios, también debemos estudiarla y obedecerla.)*

¿Por qué la hierba mala ahogó a algunas? *(Estaban muy cerca al peligro: necesitamos vigilar al maligno en el mundo.)*

¿Qué hizo crecer las semillas? *(La buena tierra; damos fruto cuando escuchamos y obedecemos la Palabra de Dios.)*

Al atardecer se le acercaron sus discípulos y le dijeron:

—Éste es un lugar apartado y ya se hace tarde. Despide a la gente para que vayan a los pueblos y se compren algo de comer.

—No tienen que irse —contestó Jesús—. Denles ustedes mismos de comer.

Ellos objetaron:

—No tenemos aquí más que cinco panes y dos pescados.

—Tráiganmelos acá —les dijo Jesús.

Y mandó a la gente que se sentara sobre la hierba. Tomó los cinco panes y los dos pescados y, mirando al cielo, los bendijo. Luego partió los panes y se los dio a los discípulos, quienes los repartieron a la gente.

MATEO 14.15–19

Ser (y cantar) la bendición

¡Te adoro!

Imagina esto: Tu mamá te preparó y empaquetó un buen almuerzo. Tú viajaste hasta muy lejos para escuchar de Jesús y ahora tienes mucha hambre. Precisamente cuando estás a punto de dar una mordida, escuchas que están preguntando si alguien tiene alguna comida que compartir. ¿Quisieras esconder lo que tienes o regalarlo para que sea una bendición?

155

Necesitamos recordar que cada cosa buena en nuestra vida viene de nuestro Padre celestial. Él siempre nos da lo que necesitamos. No tenemos que protegernos a nosotros mismos. Podemos regalar las bendiciones de Dios para ayudar a otros. Dios usará nuestros dones para hacer crecer su reino y ayudar a que nuestros corazones sean más semejantes al de él.

Actividad

¿Es difícil para ti, en algunas ocasiones, compartir algo? Ciertas canciones nos ayudan a recordar que todas nuestras bendiciones vienen de Dios. Canta la canción «A Dios el Padre celestial» (llamada la Doxología) siempre que sientas la tentación de reservarte las cosas buenas para ti. Observa cómo Dios puede usar tus pequeños dones para bendecir a otros en gran manera.

Doxología

THOMAS KEN

Canción

A Dios el Padre celestial,

al Hijo nuestro Redentor

y al eternal Consolador,

unidos todos alabad.

U na mujer cananea de las inmediaciones salió a su encuentro, gritando:

—¡Señor, Hijo de David, ten compasión de mí! Mi hija sufre terriblemente por estar endemoniada [...]

—No fui enviado sino a las ovejas perdidas del pueblo de Israel —contestó Jesús.

La mujer se acercó y, arrodillándose delante de él, le suplicó:

—¡Señor, ayúdame!

Él le respondió:

—No está bien quitarles el pan a los hijos y echárselo a los perros.

—Sí, Señor; pero hasta los perros comen las migajas que caen de la mesa de sus amos.

—¡Mujer, qué grande es tu fe! —contestó Jesús—. Que se cumpla lo que quieres.

Y desde ese mismo momento quedó sana su hija.

MATEO 15.22, 24–28

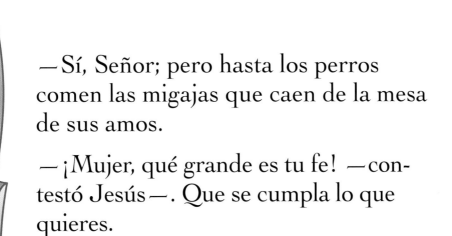

Pide y recibe

Princesa encantadora

Tú has estado jugando mucho afuera con tus amigas. De repente, te das cuenta de que tienes mucha sed. Corres a la casa para aliviar la sed. Tú debes:

A Llamar a gritos a tu mamá y decirle: «Tengo sed».

B Decirle a tu mamá: «Quiero tomar algo».

C Pedirle a tu mamá: «Por favor, ¿me puedes dar algo que tomar?».

Tal vez no parezca fácil ver alguna diferencia entre pedir y decir. Después de todo, si tú le dices a tu mamá que tienes sed, ella debe saber que necesitas tomar algo, ¿no es así? ¡Te equivocaste! Como una princesa educada, tú no necesitas exigir lo que deseas. Recuerda que tu mamá también tiene necesidades. Ella necesita que tú la respetes. Cuando le pides ayuda con palabras educadas como «por favor» y «gracias», le estás mostrando respeto. Esas palabras mágicas obran maravillas con los adultos, ¡y hasta con otros niños!

E stando Jesús en Betania, en casa de Simón llamado el Leproso, se acercó una mujer con un frasco de alabastro lleno de un perfume muy caro, y lo derramó sobre la cabeza de Jesús mientras él estaba sentado a la mesa.

Al ver esto, los discípulos se indignaron.

—¿Para qué este desperdicio? —dijeron—. Podía haberse vendido este perfume por mucho dinero para darlo a los pobres.

Consciente de ello, Jesús les dijo:

—¿Por qué molestan a esta mujer? Ella ha hecho una obra hermosa conmigo [...] Les aseguro que en cualquier parte del mundo donde se predique este evangelio, se contará también, en memoria de esta mujer, lo que ella hizo.

Mateo 26.6–10, 13

Sin embargo, gracias a Dios que en Cristo siempre nos lleva triunfantes y, por medio de nosotros, esparce por todas partes la fragancia de su conocimiento.

2 CORINTIOS 2.14

Algo huele dulce

secretos de belleza

Tu mamá se está preparando para una noche especial. ¿Cómo lo sabes? Ella está muy bien vestida. Cuando pasa a tu lado, huele muy bien. Pronto toda la casa está llena de su maravilloso perfume.

163

Dios también tiene un perfume especial para su princesita. Pero no es de la clase que viene en un pomo. El Espíritu de Dios en nuestro corazón es como una fragancia especial. Cuando obedecemos a Dios y hablamos de su amor a los demás, nuestras vidas huelen para Dios como un dulce perfume. Otras personas que nos rodean también lo huelen. Esto hace que ellos quieran conocer a Jesús.

Belleza

Consejos de belleza

Siempre que huelas el perfume de tu mamá, recuerda que Dios ha puesto su Espíritu en ti si eres su hija. Pídele a Dios que haga tu vida como un perfume que a él le huela dulce y como una fragancia que haga que otros lo quieran conocer.

Después del sábado, al amanecer del primer día de la semana, María Magdalena y la otra María fueron a ver el sepulcro.

Sucedió que hubo un terremoto violento, porque un ángel del Señor bajó del cielo y, acercándose al sepulcro, quitó la piedra y se sentó sobre ella. Su aspecto era como el de un relámpago, y su ropa era blanca como la nieve. Los guardias tuvieron tanto miedo de él que se pusieron a temblar y quedaron como muertos.

El ángel dijo a las mujeres:

—No tengan miedo; sé que ustedes buscan a Jesús, el que fue crucificado. No está aquí, pues ha resucitado, tal como dijo. Vengan a ver el lugar donde lo pusieron [...]

Así que las mujeres se alejaron a toda prisa del sepulcro, asustadas pero muy alegres, y corrieron a dar la noticia a los discípulos. En eso Jesús les salió al encuentro y las saludó. Ellas se le acercaron, le abrazaron los pies y lo adoraron.

—No tengan miedo —les dijo Jesús—. Vayan a decirles a mis hermanos que se dirijan a Galilea, y allí me verán.

MATEO 28.1–6, 8–10

Mateo

Día de resurrección

Saluda al público

Instrucciones: Envuelve una frazada o una bolsa de dormir para improvisar una tumba. Con gentileza extiende una almohada por la abertura. Mamá representará en primer lugar al ángel y luego a Jesús. La princesa representará el papel de las mujeres visitando la tumba.

Lo que necesitarás:

- una frazada larga y gruesa o una bolsa de dormir
- una almohada
- alas de un ángel o un vestido blanco
- una chalina o manta
- un fajín
- una vasija con clavo, canela u otras especias

Princesa *(vestida con la chalina o manta)*: «Ya terminó el Sábado. Llegó el domingo. Ahora podemos ir a la tumba de Jesús a poner las especias en su cuerpo». *(Agarra la vasija con las especias y camina hacia la tumba.)*

Mamá *(vestida de blanco o con alas)*: *(Quita la «piedra» de la tumba y se sienta en ella.)* «No tengan miedo. Sé que están buscando a Jesús, al que mataron en la cruz. Pero él no está aquí. Él resucitó de los muertos como dijo que haría. Vengan y vean el lugar donde estaba su cuerpo».

Princesa: *(Corre hasta la tumba y mira adentro.)* «¡No está aquí!».

Mamá: «Vayan en seguida a decírselo a sus seguidores. Díganle a ellos: "Jesús ha resucitado de los muertos. Él fue

168

a Galilea una vez más. Llegará allá antes que ustedes. Allí lo verán"».

Princesa: «Iremos en seguida». *(Da media vuelta y comienza a caminar en la otra dirección.)*

Mamá *(ahora usando el fajín, como Jesús)*: «¡Te saludo!».

Princesa: «¡Jesús! ¡Estás vivo!». *(Se agacha y agarra los pies de Jesús.)*

Mamá *(como Jesús)*: «No tengan miedo. Díganles a mis hermanos que vayan a Galilea. Allí me verán».

¡¡Saluda al público!!

Repaso de los personajes

¿Quiénes fueron a visitar la tumba de Jesús? *(María Magdalena y la otra María.)*

¿Qué encontraron cuando llegaron allá? *(Una tumba vacía con un ángel al lado.)*

¿Qué noticias tenía el ángel para ellas? *(Jesús ya no estaba muerto. Él iría a Galilea para encontrarse con sus seguidores.)*

¿A quién más vieron las mujeres? *(A Jesús.)*

¿En qué era similar su mensaje al de los ángeles? *(Ambos decían que no tuvieran miedo y que Jesús iría a Galilea para encontrarse con sus seguidores.)*

¿Por qué era importante para Jesús volver a vivir? *(Esto muestra que realmente es Dios, que lo que dijo es cierto y que venció la muerte por él y por nosotros.)*

Llegó entonces uno de los jefes de la sinagoga, llamado Jairo. Al ver a Jesús, se arrojó a sus pies, suplicándole con insistencia:

—Mi hijita se está muriendo. Ven y pon tus manos sobre ella para que se sane y viva.

Jesús se fue con él, y lo seguía una gran multitud, la cual lo apretujaba [...]

Todavía estaba hablando Jesús, cuando llegaron unos hombres de la casa de Jairo, jefe de la sinagoga, para decirle:

—Tu hija ha muerto. ¿Para qué sigues molestando al Maestro?

Sin hacer caso de la noticia, Jesús le dijo al jefe de la sinagoga:

—No tengas miedo; cree nada más [...]

Cuando llegaron a la casa del jefe de la sinagoga, Jesús notó el alboroto, y que la gente lloraba y daba grandes alaridos [...]

La tomó de la mano y le dijo:

—*Talita cum* (que significa: Niña, a ti te digo, ¡levántate!).

La niña, que tenía doce años, se levantó en seguida y comenzó a andar. Ante este hecho todos se llenaron de asombro.

MARCOS 5.22–24, 35–36, 38, 41–42

No es un milagro pequeño

Saluda al público

Instrucciones: *La princesa representa a Jairo y a su hija. Mamá usa la capucha y representa a Jesús. ¡Tienen libertad para intercambiar los papeles y repetir la obra una segunda vez!*

Lo que necesitarás:
- una corona
- una chalina o fajín
- una cama

Princesa *(usando la corona)*: «¡Jesús, Jesús! Soy Jairo, un gobernador en el Templo». *(Inclínate hasta el piso frente a mamá.)* «¡Por favor! ¡Necesito tu ayuda! ¡Mi hijita se está muriendo! Por favor, ven y coloca tus manos sobre ella. ¡Así ella se sanará y vivirá!».

Mamá *(usando la chalina como un fajín)*: «Sí, Jairo. Iré contigo».

Princesa: «Mi casa está por este camino». *(Guía a mamá alrededor de la habitación hasta acercarse a la cama.)*

«Oh, no. ¡Escucho un llanto! ¡Todos dicen que mi hijita ya se murió! ¡Llegamos muy tarde!».

Mamá: «¿Por qué están llorando y haciendo tanta bulla? Esta niña no está muerta. Ella solo está durmiendo. Haz que todos salgan de la habitación».

(La princesa cambia de Jairo a su hijita. Se acuesta en la cama y pretende estar muerta.)

Mamá *(tomando las manos de la niña)*: «¡Pequeña, te digo que te levantes!».

Princesa *(se levanta, se estira y camina por la habitación)*: «Estoy bien. Y tengo mucha hambre».

Mamá: «Tus padres te darán algo de comer. Ten el cuidado de no decirle a nadie lo que sucedió hoy aquí».

¡¡Saluda al público!!

Repaso de los personajes

¿Por qué Jairo vino a pedirle ayuda a Jesús? *(Él esperaba que Jesús sanara a su hija enferma.)*

¿Por qué crees que Jesús no llegó a tiempo para ver a la niña? *(Él quería demostrar que tenía poder sobre la muerte, como también sobre la enfermedad.)*

¿Cómo sanó a la niña? *(La tomó por las manos y le dijo que se levantara.)*

¿Por qué no quería que otros supieran lo que había hecho? *(Por muchas razones: Traerían una mayor multitud para sanar casos similares; podría causar peleas en el templo, simplemente no era parte del plan de Dios para ese tiempo del ministerio de Jesús.)*

¿Es el tiempo de Dios siempre perfecto? *(Sí, aunque al principio no lo parezca así.)*

[J esús y sus discípulos] llegaron a Capernaúm. Cuando ya estaba en casa, Jesús les preguntó:

—¿Qué venían discutiendo por el camino?

Pero ellos se quedaron callados, porque en el camino habían discutido entre sí quién era el más importante.

Entonces Jesús se sentó, llamó a los doce y les dijo:

—Si alguno quiere ser el primero, que sea el último de todos y el servidor de todos.

MARCOS 9.33–35

174

Es tu turno

Digna de amar

$\mathcal{U}$na cosa es si eres hija única. Pero ser amable y poner a otros en primer lugar llega a ser mucho más difícil cuando tienes hermanos y hermanas. Después de todo, ¿no eres tú también importante? ¿Por qué tienen ellos que disfrutar ser el primero en la fila mientras tú esperas?

Tú eres importante. También lo es Jesús. De hecho, como Creador del mundo y como el Hijo de Dios, él es el *más* importante.

Él es el Rey de todo el universo, sin embargo, vino a la tierra como un siervo. Hasta dio su vida por nosotros, a pesar de que el ser humano siempre ha sido pecador y desobediente.

Jesús dice que su pueblo necesita servir a otros de la misma manera que él lo hizo. Así que, deja que hoy tu hermana sea la primera en ir a la computadora. Deja que tu hermano tenga el primer turno en la bicicleta. De hecho, haz un juego que consista en encontrar todas las maneras diferentes en que tú puedes servir a distintos miembros de tu familia.

Amor

Al final del día cuenta cuántas veces lo hiciste. Luego dale gracias a Dios por haberte dado la oportunidad de servir a otros y ponerlos en primer lugar, así como lo hace Jesús por nosotros.

Empezaron a llevarle niños a Jesús para que los tocara, pero los discípulos reprendían a quienes los llevaban. Cuando Jesús se dio cuenta, se indignó y les dijo: «Dejen que los niños vengan a mí, y no se lo impidan, porque el reino de Dios es de quienes son como ellos. Les aseguro que el que no reciba el reino de Dios como un niño, de ninguna manera entrará en él.» Y después de abrazarlos, los bendecía poniendo las manos sobre ellos.

MARCOS 10.13–16

Marcos

Mi reino para los niños

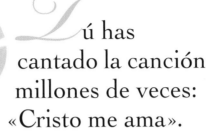

Tú has cantado la canción millones de veces: «Cristo me ama». ¿Pero cómo sabes que esto es cierto? Si te encontraras cara a cara con Jesús, ¿te daría él un gran abrazo o te empujaría a un lado para hacer algo más importante?

Como dice la canción, la Palabra de Dios nos dice la verdad. Varios niños pequeños tuvieron la oportunidad de ver el amor de Jesús por ellos. Ellos se acercaron a Jesús. Algunos se sentaron sobre sus piernas. Otros se sentaron a sus pies.

os seguidores de Jesús les dijeron que se fueran. Ellos creían que Jesús estaba muy ocupado. Pero Jesús les dijo: «Dejen que los niños vengan a mí». Él siempre tiene tiempo para los niños. Él los quiere profundamente y quiere que ellos vayan a él.

Adóralo

Actividad

¿Por qué no vas a él ahora mismo en oración y alabanza? Cántale «Cristo me ama». Dale gracias por su amor. Luego agrega estrofas inventadas por ti que te ayuden a recordar lo especial que eres para Dios.

[J esús] les dijo: «Vayan por todo el mundo y anuncien las buenas nuevas a toda criatura. El que crea y sea bautizado será salvo, pero el que no crea será condenado» [...]

Después de hablar con ellos, el Señor Jesús fue llevado al cielo y se sentó a la derecha de Dios. Los discípulos salieron y predicaron por todas partes, y el Señor los ayudaba en la obra y confirmaba su palabra con las señales que la acompañaban.

Marcos 16.15–16, 19–20

Marcos

¡Qué hermosos son, sobre los montes, los pies del que trae buenas nuevas; del que proclama la paz, del que anuncia buenas noticias, del que proclama la salvación, del que dice a Sión: «Tu Dios reina»!

ISAÍAS 52.7

Pies hermosos

Secretos de belleza

¿Te imaginas que Cenicienta fuera al baile del palacio sin sus zapatillas de cristal? No importa adónde vayamos, necesitamos nuestros zapatos porque protegen nuestros pies y proveen una manera divertida de demostrar nuestro estilo.

¿Sabías que Dios tiene unos zapatos especiales para los pies de las princesas? Él dice que los mejores zapatos son los espirituales porque les dicen a otros las buenas noticias acerca de Jesús. También nos protegen de creer mentiras acerca de Dios. No importa por dónde caminemos, necesitamos estar listos para explicar a otros por qué Jesús es nuestro Rey y por qué sus caminos son los mejores. Dios dice que los pies que corren hasta otras personas para expresar su amor ¡son los pies más hermosos del mundo!

Belleza

Consejo de belleza

Esta noche mete tus pies en agua tibia con burbujas. Luego aplícate alguna loción para los pies. Mientras metes tus pies en el agua y te los frotas, habla con Dios. Pídele que dirija tus pies hacia las personas que necesitan escuchar acerca de él. Luego pídele sabiduría para saber cómo llevar su amor a otros.

[Zacarías y Elisabet] eran rectos e intachables delante de Dios; obedecían todos los mandamientos y preceptos del Señor. Pero no tenían hijos, porque Elisabet era estéril; y los dos eran de edad avanzada [...]

En esto un ángel del Señor se le apareció a Zacarías a la derecha del altar del incienso. Al verlo, Zacarías se asustó, y el temor se apoderó de él. El ángel le dijo:

—No tengas miedo, Zacarías, pues ha sido escuchada tu oración. Tu esposa Elisabet te dará un hijo, y le pondrás por nombre Juan [...]

Poco después, su esposa Elisabet quedó encinta y se mantuvo recluida por cinco meses. «Esto —decía ella— es obra del Señor, que ahora ha mostrado su bondad al quitarme la vergüenza que yo tenía ante los demás.»

Lucas 1.6–7, 11–13, 24–25

(Para saber más acerca de esta historia, lee todo el capítulo 1 de Lucas.)

Lucas

Elisabet, la princesa estelar de Dios

Ya había pasado el tiempo para que Elisabet tuviera un bebé. Ahora era anciana. Ella necesitaba olvidar ese sueño y seguir adelante.

Sin embargo, Dios tenía otros planes. Él usó un ángel para decirle a Zacarías, el esposo de Elisabet, las buenas noticias. ¡Dios les daría un bebé especial durante su vejez! Zacarías no lo creyó, así que perdió la habilidad de hablar. ¡Elisabet se regocijó con la noticia! Ambos obedecieron a Dios y llamaron al bebé Juan. Zacarías recuperó su voz.

Princesas

Juan llegó a conocerse como Juan el Bautista. Él fue el famoso profeta que preparó al pueblo para escuchar acerca de Jesús.

¿Es difícil para ti esperar por las cosas buenas? Dios tiene su propio horario y nosotros debemos seguirlo. Cuando te encuentres en un apuro para hacer algo a tu manera, pídele a Dios que te perdone. Pídele paciencia para esperar por él. El tiempo de Dios siempre es perfecto y trae las más grandes bendiciones.

—No tengas miedo, María; Dios te ha concedido su favor —le dijo el ángel—. Quedarás encinta y darás a luz un hijo, y le pondrás por nombre Jesús. Él será un gran hombre, y lo llamarán Hijo del Altísimo. Dios el Señor le dará el trono de su padre David, y reinará sobre el pueblo de Jacob para siempre. Su reinado no tendrá fin [...]

—Aquí tienes a la sierva del Señor —contestó María—. Que él haga conmigo como me has dicho.

Con esto, el ángel la dejó.

LUCAS 1.30–33, 38

Lucas

190

Que la belleza de ustedes no sea la externa, que consiste en adornos tales como peinados ostentosos, joyas de oro y vestidos lujosos. Que su belleza sea más bien la incorruptible, la que procede de lo íntimo del corazón y consiste en un espíritu suave y apacible. Ésta sí que tiene mucho valor delante de Dios.

1 PEDRO 3.3–4

Corazones rehechos

Secretos de belleza

¿No te encanta vestirte bien? A casi todas las niñas les gusta maquillarse, ponerse prendas, ropas elegantes y arreglarse el cabello como le gusta a la mayoría de las princesas. La verdad es que hasta a las niñas mayores les gusta verse muy bien.

191

¿Sabías que Dios también quiere que seamos hermosas? Él es quien pone ese deseo en nuestros corazones. Pero la verdadera belleza no es algo que nos ponemos por fuera de nuestros cuerpos. Somos muy hermosas cuando nuestros corazones son obedientes a Dios. Su amor brilla a través de nosotros mediante nuestras palabras y acciones. Los corazones hermosos nunca se marchitan con la edad.

Belleza

192

Consejos de belleza

Piensa en cómo tu mamá te muestra de diferentes maneras su hermoso corazón. Dile lo que ves. Pídele a Dios que obre en tu corazón para que también te haga hermosa por dentro.

T an pronto como Elisabet oyó el saludo de María, la criatura saltó en su vientre. Entonces Elisabet, llena del Espíritu Santo, exclamó:

—¡Bendita tú entre las mujeres, y bendito el hijo que darás a luz! Pero, ¿cómo es esto, que la madre de mi Señor venga a verme? Te digo que tan pronto como llegó a mis oídos la voz de tu saludo, saltó de alegría la criatura que llevo en el vientre. ¡Dichosa tú que has creído, porque lo que el Señor te ha dicho se cumplirá!

Entonces dijo María:

—Mi alma glorifica al Señor,

y mi espíritu se regocija en Dios mi Salvador,

porque se ha dignado fijarse en su humilde sierva.

Desde ahora me llamarán dichosa todas las generaciones,

porque el Poderoso ha hecho grandes cosas por mí.

¡Santo es su nombre!

Lucas 1.41–49

Lucas

María, la madre del Rey Jesús

María solo era una muchacha común que vivía en Nazaret, un pueblo de Galilea. Ella tenía planes sencillos para casarse y tener una familia. Pero el ángel de Dios cambió el cuadro. Él le dijo que Dios la había observado y la había escogido para que perteneciera a la realeza. Sería la madre del Rey y Salvador, Jesús. Ella daría a luz un milagro. Tendría el gozo de enseñarle al Creador cómo vivir en el mundo que él mismo había hecho.

Princesas

Es difícil comprender cómo Dios pudo venir a la tierra como un bebé humano. María tampoco lo entendía. Lo que sí sabía era que Dios estaba a cargo de todo. Ella confiaba en él para hacer lo que fuera correcto. Simplemente obedeció con un corazón de sierva.

A veces nosotros tampoco entendemos los planes de Dios. Al igual que María, necesitamos confiar en que Dios sabe lo que está haciendo. Sigue la guía de Dios en tu vida, leyendo su Palabra que es la Biblia.

[J esús dijo:]

—Dos hombres le debían dinero a cierto prestamista. Uno le debía quinientas monedas de plata, y el otro cincuenta. Como no tenían con qué pagarle, les perdonó la deuda a los dos. Ahora bien, ¿cuál de los dos lo amará más?

—Supongo que aquel a quien más le perdonó —contestó Simón.

—Has juzgado bien —le dijo Jesús.

LUCAS 7.41–43

Lucas

Perdonar y olvidar

Digna de amar

Tú estás jugando muy bien en la casa. Ni siquiera hiciste algo mal. De repente, tu hermana agarra tus juguetes y comienza a jugar con ellos. Lo peor es que esta es la tercera vez que hoy ella hace lo mismo. ¿Qué debes hacer?

Podrías gritar. Podrías denunciarla. O puedes hacer lo que dice Jesús. Él quiere que perdonemos. Él quiere que amemos tanto a los demás que dejemos de recordar las cosas malas que ellos nos hacen. Está bien hablar acerca de esto.

$\mathcal{E}$s bueno dejar que otros sepan cómo te sientes. Pero sin importar cómo ellos actúen, necesitamos ser como Jesús. Cuando perdonas a alguien por no haber sido bueno contigo, aunque ellos no se arrepientan, tú estás mostrando el amor de Dios. Esto también muestra que tienes un corazón agradecido por la manera en que Dios siempre te perdona cuando tú pecas.

La próxima vez que tus amistades o hermanos te hagan enojar, detente por un momento. Antes de decirles algo o gritarles, recuerda a Jesús.

Amor

Piensa en cómo él murió en la cruz para que Dios pudiera perdonar tus pecados. ¡Qué acto de amor tan asombroso fue este! Pídele a Jesús que te dé fuerzas para perdonar a otros así como él te perdona a ti.

Los fariseos y los maestros de la ley se pusieron a murmurar: «Este hombre recibe a los pecadores y come con ellos.»

Él entonces les contó esta parábola: «Supongamos que uno de ustedes tiene cien ovejas y pierde una de ellas. ¿No deja las noventa y nueve en el campo, y va en busca de la oveja perdida hasta encontrarla? Y cuando la encuentra, lleno de alegría la carga en los hombros y vuelve a la casa. Al llegar, reúne a sus amigos y vecinos, y les dice: "Alégrense conmigo; ya encontré la oveja que se me había perdido". Les digo que así es también en el cielo: habrá más alegría por un solo pecador que se arrepienta, que por noventa y nueve justos que no necesitan arrepentirse.

»O supongamos que una mujer tiene diez monedas de plata y pierde una. ¿No enciende una lámpara, barre la casa y busca con cuidado hasta encontrarla? Y cuando la encuentra, reúne a sus amigas y vecinas, y les dice: "Alégrense conmigo; ya encontré la moneda que se me había perdido". Les digo que así mismo se alegra Dios con sus ángeles por un pecador que se arrepiente».

LUCAS 15.2–10

Lucas

Perdido y encontrado

Saluda al público

Instrucciones: Mamá representará la parte de Jesús. La princesa será el pastor y la mujer. Esta breve obra también es un juego. Antes de comenzar, mamá esconderá la oveja en algún lugar de la habitación cuando la princesa no esté mirando. ¡Juéguenlo tantas veces como quiera la princesa!

Lo que necesitarás:

- ovejas plásticas o de peluche
- una vara o bastón para caminar
- 10 monedas de plata de 25 o de 5 centavos
- una chalina o capucha

Mamá *(como Jesús, usando la capucha)*: «Sé que te preguntas por qué pido que vengan los pecadores a mí. Hasta me siento a comer con ellos. Imagina que uno de ustedes tuviera cien ovejas y perdiera una de ellas. ¿Qué haría?».

Princesa *(agarrando el bastón)*: «96, 97, 98, 99... ¿dónde está la 100? ¿Dónde está mi preciosa ovejita? No puedo perder ni una sola oveja. Debo ir a buscarla». *(La princesa busca por la habitación hasta que encuentra la oveja escondida.)* «¡La encontré! Encontré la oveja que estaba perdida». *(Corre hasta mamá.)* «¡Ven conmigo y hagamos una fiesta! ¡Encontré a mi oveja perdida!».

Mamá: «Te digo que hay mucho gozo en el cielo cuando un pecador cambia su corazón. Hay más gozo por ese pecador que por las 99 personas buenas que no necesitan cambiar».

(Esconde una moneda mientras la princesa está fuera de la habitación, luego vuelve a comenzar.) «Imagina que una mujer tiene diez monedas de plata, pero pierde una de ellas. ¿Qué hará ella?».

Princesa: *(Cuenta las nueve monedas sobre la mesa.)* «No importa cuántas veces las haya contado, solo veo nueve monedas. ¿Dónde está la décima? ¡Debo ir a buscarla!». *(Deja las 9 monedas sobre la mesa y busca la moneda perdida/escondida.)* «¡Por fin encontré mi moneda perdida! Vengan vecinos y amigos y hagan una fiesta conmigo. ¡Encontré mi moneda perdida!».

Mamá: «De la misma manera hay gozo entre los ángeles de Dios cuando un pecador cambia su corazón».

¡¡Saluda al público!!

Repaso de los personajes

¿Qué perdieron el pastor y la mujer? *(Una oveja y una moneda.)*

¿Por qué fueron a buscar lo que estaba perdido? *(Era especial para ellos.)*

¿Estaba Jesús realmente preocupado acerca de los animales y el dinero, o estaba representando algo más? *(La oveja y la moneda representan a las personas que han pecado y se alejan de Dios.)*

¿Por qué Jesús les contó esta historia a los fariseos? *(Él quería que ellos supieran que Dios nos ama aunque pequemos. También nos muestra que Dios nos sigue hasta hacernos regresar a él cuando estamos perdidos en nuestros pecados. Nosotros no lo buscamos a él por nuestra cuenta.)*

«Un hombre tenía dos hijos —continuó Jesús—. El menor de ellos le dijo a su padre: "Papá, dame lo que me toca de la herencia." Así que el padre repartió sus bienes entre los dos. Poco después el hijo menor juntó todo lo que tenía y se fue a un país lejano; allí vivió desenfrenadamente y derrochó su herencia [...] Por fin recapacitó y se dijo: "¡Cuántos jornaleros de mi padre tienen comida de sobra, y yo aquí me muero de hambre! Tengo que volver a mi padre y decirle: Papá, he pecado contra el cielo y contra ti" [...] Así que emprendió el viaje y se fue a su padre.

»Todavía estaba lejos cuando su padre lo vio y se compadeció de él; salió corriendo a su encuentro, lo abrazó y lo besó [...] Pero el padre ordenó a sus siervos: "¡Pronto! Traigan la mejor ropa para vestirlo. Pónganle también un anillo en el dedo y sandalias en los pies [...] Porque este hijo mío estaba muerto, pero ahora ha vuelto a la vida; se había perdido, pero ya lo hemos encontrado." Así que empezaron a hacer fiesta.

Lucas

LUCAS 15.11–13, 17–18, 20, 22, 24

Familia perdonadora

Saluda al público

Instrucciones: Mamá representará al padre. La princesa será el hijo menor que huye de la casa. Tengan a los cerdos (u otros animales de peluche) en una esquina de la habitación. Mantengan la túnica, el anillo y las sandalias para más tarde en la obra.

Princesa: *(Crúzate de brazos y representa que estás enojada.)* «¡Quiero irme de aquí! Dame lo que me pertenece de la propiedad para poderme ir».

Mamá *(aparentando estar triste)*: «Si eso es lo que realmente quieres, aquí está». *(Le da el dinero de juguete.)*

Princesa: «¡Por fin! Ahora estoy por mi cuenta». *(Camina por la habitación. Pretende gastar el dinero en lugares diferentes.)* «Esto podría hacerme feliz. Aquí gastaré algún dinero». *(Camina un poco más.)* «Esto también debe hacerme sentir feliz. Compraré esto». *(Gasta más dinero hasta que se le acaba.)*

«¡Ay, no! ¡Se me acabó el dinero! Tendré que conseguir un trabajo». *(Camina entre los cerdos. Comienza a alimentarlos.)*

«¡He sido tan tonto! Los siervos de mi padre tienen mucha comida, pero yo estoy aquí, ¡muriéndome de hambre! Debo

regresar a la casa y decirle a mi padre que he pecado. Tal vez él me permita ser uno de sus siervos y por lo menos no tendré hambre». *(Da una vuelta y regresa al padre.)*

Mamá: *(Con una mano encima de los ojos como si estuviera mirando a la distancia.)* «Hijo, ¿eres tú?». *(Corre hacia la princesa y le da un fuerte abrazo y un beso.)*

Princesa: «He pecado contra Dios y contra ti. No merezco que me llames tu hijo».

Mamá: *(Le pone la túnica, el anillo y las sandalias a la princesa mientras habla.)* «¡Apúrense siervos! Traigan las mejores ropas y pónganselas. Pongan un anillo en su dedo y sandalias en sus pies. Traigan el becerro gordo y mátenlo. ¡Es hora de hacer una fiesta! Mi hijo estaba muerto, pero ahora volvió a vivir. Estaba perdido, pero ahora apareció».

¡¡Saluda al público!!

Repaso de los personajes

¿Por qué se fue el hijo? *(Pensó que sería más feliz en otro lugar.)*

¿De qué maneras abandonamos a Dios? *(Siempre que desobedecemos y hacemos lo que queremos.)*

¿Estuvo feliz el hijo lejos de su padre? *(No; no podía vivir sin él.)*

¿Qué hizo el padre cuando el hijo regresó al hogar? *(Él lo había estado esperando. Corrió a encontrarse con él, lo abrazó y lo besó. Luego lo vistió y le hizo una fiesta para darle la bienvenida al hogar.)*

Si tú pecas, ¿qué debes hacer? *(Regresar a Dios, mi Padre celestial.)*

¿Cómo actuará Dios contigo? *(Será como el padre en la historia.)*

Un día, siguiendo su viaje a Jerusalén, Jesús pasaba por Samaria y Galilea. Cuando estaba por entrar en un pueblo, salieron a su encuentro diez hombres enfermos de lepra. Como se habían quedado a cierta distancia, gritaron:

—¡Jesús, Maestro, ten compasión de nosotros!

Al verlos, [Jesús] les dijo:

—Vayan a presentarse a los sacerdotes.

Resultó que, mientras iban de camino, quedaron limpios.

Uno de ellos, al verse ya sano, regresó alabando a Dios a grandes voces. Cayó

rostro en tierra a los pies de Jesús y
le dio las gracias, no obstante que era
samaritano.

—¿Acaso no quedaron limpios los diez?
—preguntó Jesús—. ¿Dónde están los
otros nueve? ¿No hubo ninguno que
regresara a dar gloria a Dios, excepto
este extranjero? Levántate y vete —le
dijo al hombre—; tu fe te ha sanado.

Lucas 17.11–19

Lucas

Agradece el favor

Princesa encantadora

*E*ntras a la casa luego de estar jugando y tienes mucha hambre. Notas que tu mamá te ha preparado una merienda que te comes muy contenta. Ahora que terminaste, tú:

A Te levantas y vuelves afuera para jugar.

B Sacas algunos juegos para jugar en la mesa.

C Limpias el reguero y le dices a mamá: «¡Gracias!».

arece que fuera mágico. Siempre que mamá está presente, aparece la comida. La casa está limpia. Y la vida es muy divertida. Pero como una princesa reinante, debes recordar que tu mamá y tu papá trabajan mucho para hacer que tu castillo sea un lugar que a ti te guste. Tú también puedes ayudarlos para demostrarles tu corazón agradecido. Recoge las cosas. Limpia tu plato. Arregla tu cama. En el momento puede parecer poco y sin importancia. Pero los pequeños actos de servicio ayudan a otros en gran manera. Decir «gracias» muestra que tú notas a otros y también te preocupas por ellos.

Jesús se detuvo a observar y vio a los ricos que echaban sus ofrendas en las alcancías del templo. También vio a una viuda pobre que echaba dos moneditas de cobre.

—Les aseguro —dijo— que esta viuda pobre ha echado más que todos los demás. Todos ellos dieron sus ofrendas de lo que les sobraba; pero ella, de su pobreza, echó todo lo que tenía para su sustento.

Lucas 21.1–4

Lucas

El don de dar

Cuando alguien te da un paquete de tus dulces preferidos, ¿qué es lo último que en realidad quieres hacer? ¿Tu mamá o tu papá te hacen repartirlo, o tú lo haces con un corazón alegre?

Jesús sabía que a nosotros no nos gusta dar las cosas que en verdad nos gustan.

215

Es difícil compartir porque tenemos miedo de perder lo que creemos que necesitamos. Pero Dios quiere que nosotros confiemos en que él satisfará nuestras necesidades. Si realmente creemos que Dios proveerá lo que es mejor para nosotros, entonces nos sentiremos libres para compartir lo que tenemos con otros necesitados. Cuando compartimos lo que tenemos, agradamos a Dios, bendecimos a otros y nos sentimos bien en nuestro interior.

Verdades

Hazlo tuyo

¿Qué hizo tan feliz a Jesús acerca de la ofrenda de la viuda? ¿Estaba él más preocupado por lo mucho que ella ofrendó o por el deseo que tenía de dar? Es posible que tú creas que tampoco tienes nada que dar. ¡Pero sí tienes! Tú puedes compartir con los necesitados tus juguetes, ropa, caramelos o cualquier otra cosa que tengas. Tú puedes decir una palabra amable o dar un abrazo cariñoso. Puedes dar tu tiempo para ayudar a alguien más. Al igual que la viuda, da cualquier cosa que tengas con un corazón agradecido.

Encontraron que había sido quitada la piedra que cubría el sepulcro y, al entrar, no hallaron el cuerpo del Señor Jesús. Mientras se preguntaban qué habría pasado, se les presentaron dos hombres con ropas resplandecientes. Asustadas, se postraron sobre su rostro, pero ellos les dijeron:

—¿Por qué buscan ustedes entre los muertos al que vive? No está aquí; ¡ha resucitado! Recuerden lo que les dijo cuando todavía estaba con ustedes en Galilea [...]

Al regresar del sepulcro, les contaron todas estas cosas a los once y a todos los demás. Las mujeres eran María Magdalena, Juana, María la madre de Jacobo, y las demás que las acompañaban.

LUCAS 24.2–6, 9–10

Eviten toda conversación obscena.
Por el contrario, que sus palabras
contribuyan a la necesaria edificación y
sean de bendición para quienes escuchan.

EFESIOS 4.29

Hermosos labios

Secretos de belleza

No hay maquillaje que esté completo sin un toque de pintura de labios. Rojo, rosado, naranja... las opciones no tienen fin. Es bonito combinar los colores con nuestra ropa. Pintarse los labios en verdad es muy divertido.

¿Alguna vez te has preguntado por qué nos gusta darle color a nuestra boca? La Biblia dice que la boca es una parte muy importante de nuestro cuerpo. Gracias a ella podemos hablar palabras que animen y bendigan a otras personas. O podemos pecar y usar palabras que hieran los sentimientos de los demás. Jesús quiere que seamos muy cuidadosos y que siempre digamos palabras de verdad que ayuden a otros a sentirse queridos. Deja que tu pintura de labios te recuerde lo que es más importante para Dios. Los labios verdaderamente hermosos hablan palabras cariñosas que proceden de un corazón amable.

Belleza

Consejos de belleza

Pregúntale a tu mamá si te puede prestar su lápiz labial favorito para ponértelo solo como diversión. Después de ponerte un poco, busca una tarjeta y bésala para dejar la marca de tu beso. Colócala en el espejo de tu baño para que te recuerde lo que Dios dice. ¡Usa tus palabras para edificar a otros con las buenas nuevas del amor de Dios!

Aquel mismo día dos de ellos se dirigían a un pueblo llamado Emaús, a unos once kilómetros de Jerusalén. Iban conversando sobre todo lo que había acontecido. Sucedió que, mientras hablaban y discutían, Jesús mismo se acercó y comenzó a caminar con ellos [...]

—¡Qué torpes son ustedes —les dijo—, y qué tardos de corazón para creer todo lo que han dicho los profetas! [...] Entonces, comenzando por Moisés y por todos los profetas, les explicó lo que se refería a él en todas las Escrituras [...]

Entonces se les abrieron los ojos y lo reconocieron, pero él desapareció. Se decían el uno al otro:

—¿No ardía nuestro corazón mientras conversaba con nosotros en el camino y nos explicaba las Escrituras?

LUCAS 24.13–15, 25, 27, 31–32

Encantada de conocerle

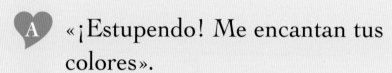

Tu amiga ha estado trabajando mucho en un dibujo. Tú te levantas para mirar por encima de sus hombros y ves cómo lo hace. Decides decir:

A «¡Estupendo! Me encantan tus colores».

B «¿Qué es esto? ¡Se ve tan ridículo!».

C «Así no es como se hace».

D «Tú no sabes dibujar bien».

Durante todo el día tú tienes la oportunidad de hablar con otras personas. También tienes que escoger. Puedes decir palabras buenas y amables que ayudan a la gente. O puedes decir cosas que herirán sus sentimientos. Dios dice que debemos guardar nuestras bocas. Él quiere que solo digamos palabras que edifiquen a los demás. Él nunca quiere que los desalentemos. Pídele a Jesús que te ayude a ver algo bueno en la otra persona. ¡Luego dile a esa persona lo bueno que viste en ella! Esto la ayudará y tú serás más semejante a Jesús.

Jesús dijo: «No se angustien. Confíen en Dios, y confíen también en mí. En el hogar de mi Padre hay muchas viviendas; si no fuera así, ya se lo habría dicho a ustedes. Voy a prepararles un lugar. Y si me voy y se lo preparo, vendré para llevármelos conmigo. Así ustedes estarán donde yo esté. Ustedes ya conocen el camino para ir a donde yo voy».

Dijo entonces Tomás:

—Señor, no sabemos a dónde vas, así que ¿cómo podemos conocer el camino?

—Yo soy el camino, la verdad y la vida —le contestó Jesús—. Nadie llega al Padre sino por mí.

Juan

JUAN 14.1–6

Los planos de Dios para edificar

Mi héroe

¿*S*abías que Jesús tenía otro trabajo además de enseñar? Él era un carpintero, alguien que sabía cómo construir casas, muebles y otras cosas. Es posible que él construyera mesas, sillas, estantes y gabinetes. La Biblia no nos dice qué edificó mientras vivía en la tierra. Pero sí nos dice que ahora mismo Jesús está ocupado en el cielo construyendo. ¡Esto es muy emocionante!

Jesús les dijo a sus discípulos que él está en el cielo construyendo mansiones para toda la gente que un día irá al cielo a vivir con él. Él quiere que todos nosotros vivamos juntos como su familia especial. Cuando dejemos esta tierra, nos darán la bienvenida para vivir con Jesús en una hermosa casa que él ha construido para nosotros, la casa más hermosa que te puedas imaginar. Es más hermosa porque Jesús estará allí esperando por nosotros.

Héroe

¿n qué tipo de casa o apartamento vives ahora? ¿Cuánto tiempo llevó construirla? Dios ha estado construyendo su reino durante un largo tiempo. Cuando termine, ¡será increíble!

—Yo soy el camino, la verdad y la vida —le contestó Jesús—. Nadie llega al Padre sino por mí. Si ustedes realmente me conocieran, conocerían también a mi Padre. Y ya desde este momento lo conocen y lo han visto.

JUAN 14.6–7

Juan

Solo un pastor

En lo profundo de mi corazón

¿*P*uede un reino tener más de un rey? No. De hecho, alrededor del mundo se han peleado muchas guerras para decidir quién será el que gobierne.

Porción para memorizar:

—Yo soy el camino, la verdad y la vida —le contestó Jesús—. Nadie llega al Padre sino por mí.

JUAN 14.6

¿Puede haber más de un Dios? Jesús dijo que no. Hay personas a las que les gustaría creer lo que quieren. La verdad es que solo el Dios de la Biblia está a cargo. Él gobierna nuestro mundo desde el cielo. Y dice que no podemos llegar al cielo con solo ser buenos. Tampoco podemos «colarnos» cuando él no esté mirando. La única manera de tener la vida eterna con Dios es confiando en Jesús, el Hijo perfecto de Dios.

Corazón

En Jesucristo, el Rey de Paz

FANNY J. CROSBY / PHEOBE P. KNAPP

TRADUCCIÓN: E. A. MONFORT DÍAZ

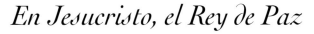

En Jesucristo, el Rey de paz
En horas negras de tempestad
Hallan las almas dulce solaz
Grato consuelo, felicidad.

Gloria cantemos al Redentor
Que por nosotros vino a morir;
Y que la gracia del Salvador
Siempre proteja nuestro vivir.

Si ustedes me aman, obedecerán mis mandamientos. Y yo le pediré al Padre, y él les dará otro Consolador para que los acompañe siempre: el Espíritu de verdad, a quien el mundo no puede aceptar porque no lo ve ni lo conoce. Pero ustedes sí lo conocen, porque vive con ustedes y estará en ustedes. No los voy a dejar huérfanos; volveré a ustedes. Dentro de poco el mundo ya no me verá más, pero ustedes sí me verán. Y porque yo vivo, también ustedes vivirán.

JUAN 14.15–19

Juan

El gran regreso

Cuando Jesús murió en la cruz, ¿cómo crees que sus seguidores se sintieron? ¿Temerosos? ¿Tristes? ¿Solitarios? Ellos pensaron que habían perdido todas las esperanzas. Habían perdido a su líder y maestro, pero más que nada habían perdido a su mejor amigo. Pensaron que se habían quedado solos. Entonces, ¡Jesús regresó de los muertos! Ahora sabían que tenían esperanzas.

¿Alguna vez has sentido miedo, te has sentido triste o sola? Jesús sabe cómo te sientes. ¡Tú eres un miembro precioso de su reino! Al igual que les dijo a sus seguidores en aquel entonces, también nos lo recuerda a nosotros. Él no nos ha dejado solos. Él está con nosotros en cada momento del día. No importa cómo nos sintamos, bien o mal, él está exactamente a nuestro lado.

Héroe

l pone a su Espíritu Santo en nuestros corazones para ayudarnos a seguirlo. Y promete que regresará a la tierra para llevarnos. Él nos llevará a nuestro hogar en el cielo para vivir con él y su pueblo para siempre.

Yo soy la vid y ustedes son las ramas. El que permanece en mí, como yo en él, dará mucho fruto; separados de mí no pueden ustedes hacer nada. El que no permanece en mí es desechado y se seca, como las ramas que se recogen, se arrojan al fuego y se queman. Si permanecen en mí y mis palabras permanecen en ustedes, pidan lo que quieran, y se les concederá. Mi Padre es glorificado cuando ustedes dan mucho fruto y muestran así que son mis discípulos. Así como el Padre me ha amado a mí, también yo los he amado a ustedes. Permanezcan en mi amor.

JUAN 15.5–9

La gran conexión

Saluda al público

Instrucciones: Mamá se parará alta y erguida en el medio de la habitación. Ella será la vid de nuestra historia. La princesa usará una chalina o ropa verde para pretender que es la rama con hojas.

What you will need:

- frutas plásticas o de verdad (como manzanas o bananas)
- una chalina o ropa verde
- una rama seca

Mamá: «Yo soy la vid y tú eres las ramas». *(Señala a su hija.)* «Si permaneces conectada a mí, producirás fruto». *(Agarra una mano de su hija. Hace que ella brote [se levante] de la tierra, llevando frutas.)* «Pero si no estás conectada a mí...» *(Suelta la mano de su hija. Hace que ella deje caer la fruta y se marchite en la tierra.)* «Nada podrás hacer». *(Recoge la rama seca.)* «Si alguien no permanece en mí, entonces será como la rama que se bota». *(Bota la rama a un lado.)* «La gente recoge las ramas secas, las bota en el fuego y las quema».

(Se repite de nuevo, pero esta vez invirtiendo los papeles. La princesa será la vid y la mamá será las ramas.)

Princesa: «Yo soy la vid y tú eres las ramas». *(Señala a tu mamá.)* «Si permaneces conectada a mí, producirás fruto». *(Agarra la mano de tu mamá. Haz que ella brote [se levante] de la tierra, llevando frutas.)* «Pero si no estás conectada a mí...». *(Suelta la mano de tu mamá. Haz que ella deje caer la fruta y se marchite en la tierra.)* «Nada podrás hacer». *(Recoge la rama seca.)* «Si alguien no permanece en mí, entonces será como la rama que se bota». *(Bota la rama a un lado.)* «La gente recoge las ramas secas, las bota en el fuego y las quema».

¡¡Saluda al público!!

240

Repaso de los personajes

¿De qué tipo de fruta está hablando Jesús? *(Buenas actitudes y acciones.)*

¿Podrás ser tú una niña buena sin la ayuda de Jesús? *(No.)*

¿Puedes amar a otros solo por ti misma? *(No.)*

¿Qué nos desconecta de Jesús? *(El pecado, estar demasiado ocupada como para recordar a Dios y su Palabra.)*

¿Cómo puedes permanecer conectada a Jesús? *(Orando, pidiendo ayuda, leyendo su Palabra, arrepintiéndome y obedeciendo.)*

¿Qué les sucede a los que no tienen a Jesús? *(Ellos no llevan fruto ni hacen cosas buenas. Ellos serán destruidos.)*

Un hombre llamado Ananías también vendió una propiedad y, en complicidad con su esposa Safira, se quedó con parte del dinero y puso el resto a disposición de los apóstoles.

—Ananías —le reclamó Pedro—, ¿cómo es posible que Satanás haya llenado tu corazón para que le mintieras al Espíritu Santo y te quedaras con parte del dinero que recibiste por el terreno? ¿Acaso no era tuyo antes de venderlo? Y una vez vendido, ¿no estaba el dinero en tu poder? ¿Cómo se te ocurrió hacer esto? ¡No has mentido a los hombres sino a Dios!

Al oír estas palabras, Ananías cayó muerto. Y un gran temor se apoderó de todos los que se enteraron de lo sucedido. Entonces se acercaron los más jóvenes, envolvieron el cuerpo, se lo llevaron y le dieron sepultura.

HECHOS 5.1–6

Verdad para divulgar

Verdades del reino

¿No es maravillosa tu imaginación? Nos encanta vestirnos bien y pretender e imaginar todo tipo de historias fantásticas. Pero ten en cuenta esta verdad: necesitamos recordar cuándo es hora de dejar de soñar y comenzar a ser reales.

Dios dice que él quiere que sus princesas siempre digan la verdad. Cuando tus padres o maestros te piden que les digas la verdad, se acaba el tiempo de la fantasía. No inventes las respuestas ni pretendas que no las sabes. Haz lo correcto. Di la verdad y confía en tu Rey celestial para al final hacer las cosas bien.

Verdades

Hazlo tuyo

La historia de Ananías y Safira puede parecer temible. ¿Tuvieron problemas por no haber entregado todo su dinero? No. Los castigaron porque le mintieron a Dios. Creyeron que podían engañarlo. Necesitamos recordar que Dios ya lo sabe todo. Mentir no tiene sentido porque él sabe la verdad. Pídele a Dios que te dé el valor que necesitas para siempre decir la verdad, incluso aunque sientas miedo.

Había en Jope una discípula llamada Tabita (que traducido es Dorcas). Ésta se esmeraba en hacer buenas obras y en ayudar a los pobres. Sucedió que en esos días cayó enferma y murió. Pusieron el cadáver, después de lavarlo, en un cuarto de la planta alta. Y como Lida estaba cerca de Jope, los discípulos, al enterarse de que Pedro se encontraba en Lida, enviaron a dos hombres a rogarle: «¡Por favor, venga usted a Jope en seguida!» Sin demora, Pedro se fue con ellos, y cuando llegó lo llevaron al cuarto de arriba. Todas las viudas se presentaron, llorando y mostrándole las túnicas y otros vestidos que Dorcas había hecho cuando aún estaba con ellas. Pedro hizo que todos salieran del cuarto; luego se puso de rodillas y oró. Volviéndose hacia la muerta, dijo: «Tabita, levántate.» Ella abrió los ojos y, al ver a Pedro, se incorporó.

HECHOS 9.36–40

Cuidar para que te cuiden

¿*P*or qué te gusta que te den regalos? Claro, es divertido tener cosas. Y es todavía más divertido jugar con esas cosas. Pero también nos gusta que otras personas nos den una sorpresa porque nos hace sentir amados. Sentimos que otros se ocupan tanto de nosotros como para darnos un regalo.

¿Sabías que Dios cuida de ti? Él cuida de tus pensamientos, de lo que te hace feliz y triste, y de todo lo demás acerca de ti. Él también quiere que tú cuides a otras personas de la misma manera. Cuidar a otras personas es una señal de que el amor de Dios vive en tu corazón. Nos hace ver las necesidades de otras personas en lugar de las nuestras. Nos ayuda a servir a otros en lugar de siempre estar tratando de obtener más para nosotros mismos.

Verdades

Hazlo tuyo

A Tabita (también conocida como Dorcas) le encantaba cuidar a otros. Ella pasó toda su vida ayudando a los pobres y haciendo bien a todos los que la rodeaban. ¿Qué de ti? ¿Pasas más tiempo pensando en lo que quieres o en lo que puedes hacer por otros? Pídele a Jesús que abra tus ojos. Haz que él te muestre cómo puedes cuidar mejor a los miembros de tu familia y a las personas que te rodean.

Durante la noche Pablo tuvo una visión en la que un hombre de Macedonia, puesto de pie, le rogaba: «Pasa a Macedonia y ayúdanos.» Después de que Pablo tuvo la visión, en seguida nos preparamos para partir hacia Macedonia, convencidos de que Dios nos había llamado a anunciar el evangelio a los macedonios.

Zarpando de Troas, navegamos directamente a Samotracia, y al día siguiente a Neápolis. De allí fuimos a Filipos, que es una colonia romana y la ciudad principal de ese distrito de Macedonia. En esa ciudad nos quedamos varios días.

El sábado salimos a las afueras de la ciudad, y fuimos por la orilla del río, donde esperábamos encontrar un lugar de oración. Nos sentamos y nos pusimos a conversar con las mujeres que se habían reunido. Una de ellas, que se llamaba Lidia, adoraba a Dios. Era de la ciudad de Tiatira y vendía telas de púrpura. Mientras escuchaba, el Señor le abrió el corazón para que respondiera al mensaje de Pablo. Cuando fue bautizada con su familia, nos hizo la siguiente invitación: «Si ustedes me consideran creyente en el Señor, vengan a hospedarse en mi casa.» Y nos persuadió.

Hechos 16.9–15

Lidia, líder de luz

*L*idia tenía un trabajo importante en la ciudad de Tiatira. Ella vendía ropa púrpura a la gente que podía comprarla. Su trabajo la convirtió en una líder entre las mujeres. Ella también amaba mucho a Dios.

Pablo llegó a su pueblo y le habló de Jesús, el Hijo de Dios. Dios abrió el corazón de Lidia para que ella pudiera entender lo que Pablo le decía. Ella también confió en Jesús para que la salvara de sus pecados. Y estaba ansiosa por ayudar al pueblo de Dios a proclamar las Buenas Nuevas acerca de Jesús.

Princesas

unque era peligroso, ella los invitó a venir a su casa. A menudo mataban a los seguidores de Dios o los encarcelaban. A Lidia no le importaba eso. Ella amaba a Dios más que a su vida. Siempre mantuvo su casa abierta para ayudar a otros creyentes.

A cada uno de nosotros Dios nos ha dado dones que debemos usar para su reino. Lidia era una líder natural. Ella usó sus dones para guiar a otros a Jesús. ¿Cuáles son tus dones? ¿Los usarás a favor de otros para darle gloria a Dios?

Después de darles muchos golpes, los echaron en la cárcel, y ordenaron al carcelero que los custodiara con la mayor seguridad [...]

A eso de la medianoche, Pablo y Silas se pusieron a orar y a cantar himnos a Dios [...] De repente se produjo un terremoto tan fuerte que la cárcel se estremeció hasta sus cimientos. Al instante se abrieron todas las puertas y a los presos se les soltaron las cadenas [...]

El carcelero pidió luz, entró precipitadamente y se echó temblando a los pies de Pablo y de Silas. Luego los sacó y les preguntó:

—Señores, ¿qué tengo que hacer para ser salvo?

—Cree en el Señor Jesús; así tú y tu familia serán salvos —le contestaron.

HECHOS 16.23, 25–26, 29–31

Sano y salvo

unque ya eran hombres mayores, Pablo y Silas tuvieron que sentir miedo. Los echaron en la prisión y no sabían qué les sucedería después. Pero ellos sí sabían una cosa: Dios tenía el control. Entonces, ¿qué hicieron? Ellos cantaron canciones, exactamente en medio de la cárcel. Lo próximo que supieron fue que un gran temblor de tierra estremeció la prisión y las puertas se abrieron. ¡Dios los salvó y también salvó al carcelero!

¿Qué te da miedo? ¿Una tormenta de truenos? ¿Dejar a tu mamá para irte a la escuela? Siempre que sientas miedo, recuerda la historia de Pablo y Silas. Dios está tan cerca de ti como lo estaba de ellos.

Mira la canción de la página siguiente o escoge tu canción favorita. Luego cántasela en voz alta al Señor. Te hará recordar que tú estás segura en Jesús, y será un hermoso sonido para Dios.

Adóralo

¡Oh qué amigo nos es Cristo!

JOSEPH SCRIVEN

TRADUCCIÓN: LEANDRO GARZA MORA

Canción

¡Oh qué amigo nos es Cristo!
Él llevó nuestro dolor,
Y nos manda que llevemos
Todo a Dios en oración.
¿Vive el hombre desprovisto
De paz, gozo y santo amor?
Esto es porque no llevamos
Todo a Dios en oración.

Ahora bien, sabemos que Dios dispone todas las cosas para el bien de quienes lo aman, los que han sido llamados de acuerdo con su propósito. Porque a los que Dios conoció de antemano, también los predestinó a ser transformados según la imagen de su Hijo, para que él sea el primogénito entre muchos hermanos. A los que predestinó, también los llamó; a los que llamó, también los justificó; y a los que justificó, también los glorificó.

¿Qué diremos frente a esto? Si Dios está de nuestra parte, ¿quién puede estar en contra nuestra?

ROMANOS 8.28–31

Un buen final

Mi héroe

Dios escribe las mejores historias. Tienen los finales más felices. ¿Sabías que tú tienes una parte en la gran historia de Dios acerca del mundo?

Es así: antes que Dios hiciera el mundo, él ya sabía todo acerca de ti. Él planeó cuándo nacerías y cómo serías. Tú naciste en el momento preciso. Mientras vives tu vida, no te parecerá que algo especial te está sucediendo.

Tú duermes, comes, juegas y disfrutas la vida. Pero Dios está muy ocupado en su trabajo, ayudándote a que te conviertas en la persona especial que él planeó que fueras. Te está preparando para que desempeñes tu papel de ayudar en el crecimiento de su reino. Al final, viviremos en el cielo con él. Conoceremos toda la historia y nos asombraremos al ver cómo Dios dispone todas las cosas para que, en conjunto, obren a la perfección.

Héroe

¿Cómo te va en este día? ¿Te parece que están sucediendo cosas buenas o malas? Dibuja un cuadro a colores para celebrar un buen día o para animarte si no ha sido un día muy divertido. Recuerda que Dios usa todo lo que sucede en nuestras vidas para nuestro bien, ¡y para que tengan un buen final!

¡Qué profundas son las riquezas de la sabiduría y del conocimiento de Dios!
¡Qué indescifrables sus juicios
e impenetrables sus caminos!

«¿Quién ha conocido la mente del Señor,
o quién ha sido su consejero?» […]

Porque todas las cosas proceden de él,
y existen por él y para él.
¡A él sea la gloria por siempre! Amén.

Por lo tanto, hermanos, tomando en cuenta la misericordia de Dios, les ruego que cada uno de ustedes, en adoración espiritual, ofrezca su cuerpo como sacrificio vivo, santo y agradable a Dios.

ROMANOS 11.33–34, 36; 12.1

Lenguaje corporal

¿Alguna vez has estado en la iglesia grande con tus padres? Primero cantan música a Dios. Después pasan el plato de la ofrenda. Y por último, el pastor lee la Biblia y luego habla (durante lo que parece ser un tiempo muy largo) acerca de Dios y su Palabra. Entonces, ¿qué parte del servicio es adoración a Dios y cuál es solo una iglesia «normal»?

¡Todo esto es adoración! Y la verdadera adoración no solo sucede durante los servicios de la iglesia. Dios dice que cada momento de nuestras vidas es una oportunidad para adorarlo. ¿Qué piensas de esto cuando estás sola? ¿Cómo pasas tu tiempo? ¿Cómo tratas a tus padres y hermanos? Dios quiere que usemos cada momento que tenemos para darle la gloria a él. Así que, ¿quieres alabar a Dios? Entonces, ¡dilo, cántalo, piénsalo, sírvele y hazlo todo para él!

¡Adóralo

Actividad

Haz una lista de las formas en que puedes adorar a Dios. ¡Usa tus crayones o lápices de colores para hacer dibujos que muestren las maneras en que tú adoras! Después de decorar tu lista, cuélgala sobre el refrigerador para que recuerdes adorar al Señor todos los días.

¿No saben que en una carrera todos los corredores compiten, pero sólo uno obtiene el premio? Corran, pues, de tal modo que lo obtengan. Todos los deportistas se entrenan con mucha disciplina. Ellos lo hacen para obtener un premio que se echa a perder; nosotros, en cambio, por uno que dura para siempre. Así que yo no corro como quien no tiene meta; no lucho como quien da golpes al aire. Más bien, golpeo mi cuerpo y lo domino, no sea que, después de haber predicado a otros, yo mismo quede descalificado.

1 Corintios 9.24–27

1 Corintios

Aunque el ejercicio físico trae algún provecho, la piedad es útil para todo, ya que incluye una promesa no sólo para la vida presente sino también para la venidera.

1 TIMOTEO 4.8

Digno de una princesa

Secretos de belleza

*N*o te confundas. Los reyes y las reinas se sientan en tronos. Pero eso no es todo lo que hacen. Ellos se levantan, trabajan y ejercitan sus cuerpos y mentes para ser los mejores gobernantes que puedan ser.

Dios quiere que nosotros también hagamos ejercicio. Es muy bueno para nuestros cuerpos y nos ayuda a crecer más fuertes para que así podamos hacer la obra de Dios. Pero él también quiere que ejercitemos nuestra mente y nuestro corazón. Necesitamos dedicar un tiempo a leer la Palabra de Dios y orar para que nuestro espíritu crezca y se fortalezca en su verdad. Con músculos y corazones fuertes estaremos listos para hacer la obra que Dios nos ha llamado a hacer como sus hijos reales.

Belleza

Consejos de belleza

En lugar de ver televisión hoy, piensa en alguna actividad en el exterior que puedas disfrutar. Tal vez sea montar en tu bicicleta, jugar a la rayuela o saltar la suiza con tus amigas. Mientras juegas y haces ejercicio, pídele a Dios que también fortalezca tu amor por él.

Si hablo en lenguas humanas y angelicales, pero no tengo amor, no soy más que un metal que resuena o un platillo que hace ruido. Si tengo el don de profecía y entiendo todos los misterios y poseo todo conocimiento, y si tengo una fe que logra trasladar montañas, pero me falta el amor, no soy nada. Si reparto entre los pobres todo lo que poseo [...] pero no tengo amor, nada gano con eso.

1 Corintios 13.1–3

1 Corintios

Amor del cielo

Verdades del reino

Tú pudieras tener todo el dinero del mundo. Ser la niña más inteligente que nadie haya conocido jamás. Lucir más bella que una reina. Correr más rápido que un atleta olímpico. Tener más personalidad que una estrella de cine. Pero la Palabra de Dios dice que si no tienes amor, no tienes nada.

271

$\mathcal{N}$ada en este mundo es más hermoso que un corazón amoroso. Entonces, ¿cómo las princesas de Dios obtienen este tesoro? Este viene de nuestro Rey. A medida que aprendemos a creer cuánto nos ama Jesús, también cambia nuestro corazón. Comenzamos a amar a los demás de esa misma manera maravillosa.

Verdades

Hazlo tuyo

Bueno, ¿y qué es el amor? Dios nos da una buena descripción en el resto de 1 Corintios 13. Pídele a tu mamá que te lea cómo describe Dios el verdadero amor. Luego pídele que te lo vuelva a leer, esta vez poniendo tu nombre en cada lugar que diga la palabra «amor».

¿Muestras esa clase de amor a otros? Dedica un tiempo a orar con tu mamá. Pídele a Jesús que las ayude a las dos a crecer en el buen amor de Dios.

Manténganse alerta; permanezcan firmes en la fe; sean valientes y fuertes. Hagan todo con amor [...]

Las iglesias de la provincia de Asia les mandan saludos. Aquila y Priscila los saludan cordialmente en el Señor, como también la iglesia que se reúne en la casa de ellos. Todos los hermanos les mandan saludos. Salúdense unos a otros con un beso santo.

Yo, Pablo, escribo este saludo de mi puño y letra.

Si alguno no ama al Señor, quede bajo maldición.

¡Maranata!

Que la gracia del Señor Jesús sea con ustedes.

Los amo a todos ustedes en Cristo Jesús. Amén.

1 Corintios 16.13–14, 19–24

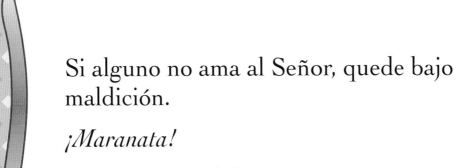

Ojo por ojo

Princesa encantadora

Estás en la computadora jugando tu juego favorito. De pronto, escuchas que tus padres están hablando detrás de ti con algunos visitantes que llegaron a la casa. Ellos dicen que te quieren presentar a sus amigos. Entonces tú:

A Sin quitar tus ojos de la pantalla de la computadora, dices: «¡Hola!».

B Les dices que se esperen un minuto hasta que termines.

C Das una vuelta rápida, haces un gesto con la mano y vuelves al juego.

D Dejas de hacer lo que estás haciendo, te pones de pie y saludas a las visitas con una sonrisa.

Como una princesa, debes aprender cómo dar una bienvenida real. Cada vez que conozcas a alguien nuevo, no seas tímida. Míralo a los ojos y salúdalo con una sonrisa. Dejar de hacer lo que estás haciendo para atender a alguien más, muestra que tú los consideras importantes. También te ayuda a recordar que los programas de televisión y los juegos no son tan importantes como las personas reales. Como hijos del Rey, necesitamos estar siempre listos para mostrar el amor de Dios a las personas que él trae a nuestras vidas.

Tres veces le rogué al Señor que me la quitara; pero él me dijo: «Te basta con mi gracia, pues mi poder se perfecciona en la debilidad.» Por lo tanto, gustosamente haré más bien alarde de mis debilidades, para que permanezca sobre mí el poder de Cristo. Por eso me regocijo en debilidades, insultos, privaciones, persecuciones y dificultades que sufro por Cristo; porque cuando soy débil, entonces soy fuerte.

2 Corintios 12.8–10

2 Corintios

La gran fuerza de Dios

¿Recuerdas escuchar historias de cuando eras un pequeño bebé? Tu mamá tenía que alimentarte y vestirte. Ella lo hacía todo por ti. Pero ahora que creciste, ya puedes hacer muchas cosas por tu cuenta. Aprender a cuidar de ti misma es una parte normal del crecimiento.

En la familia de Dios, el crecimiento sucede un poco diferente. Mientras más crecemos en Jesús, mejor comprendemos cuánto necesitamos su ayuda. Dios sabe que sin él todos somos débiles e inútiles. Siempre debemos pedirle fortaleza y sabiduría para vivir buenas vidas. Solo Dios puede hacer que lleguemos a ser más semejantes a Jesús. Somos más fuertes cuando confiamos solo en él para satisfacer nuestras necesidades.

Héroe

*P*ídele hoy a Jesús que te ayude a ser más fuerte para él. Recuerda que Dios te da el poder para hacer todo lo que necesites hacer para su gloria.

A labado sea Dios, Padre de nuestro Señor Jesucristo, que nos ha bendecido en las regiones celestiales con toda bendición espiritual en Cristo. Dios nos escogió en él antes de la creación del mundo, para que seamos santos y sin mancha delante de él. En amor nos predestinó para ser adoptados como hijos suyos por medio de Jesucristo, según el buen propósito de su voluntad, para alabanza de su gloriosa gracia, que nos concedió en su Amado [...]

En Cristo también fuimos hechos herederos, pues fuimos predestinados según el plan de aquel que hace todas las cosas conforme al designio de su voluntad.

Efesios 1.3–6, 11

Adoptada y muy querida

Cuando tienes hambre, ¿a quién le pides comida? Si alguien hiere tus sentimientos, ¿quién te puede ayudar a sentirte mejor? Las familias son una de las más grandes bendiciones de Dios para nosotros. Siempre podemos hablar con mamá o con papá porque sabemos que ellos nos aman. Ellos nos quieren cuidar. Nos sentimos seguros cuando estamos en nuestro hogar.

Dios nos da familias para que podamos comprender cómo se siente Dios acerca de nosotros. Él dice que todo el que confíe en que Jesús lo salva se convierte en parte de su familia.

No somos extraños ni sirvientes. ¡Somos sus hijos preciosos! Él nos ha adoptado y nos ha hecho suyos. Siempre que vamos a nuestro Padre celestial para pedirle ayuda podemos sentirnos protegidos y seguros. Él nos ama incluso más que nuestros padres terrenales. ¡Qué bendición es ser parte de la familia de Dios y una princesa en su reino!

Héroe

Hijos, obedezcan en el Señor a sus padres, porque esto es justo. «Honra a tu padre y a tu madre —que es el primer mandamiento con promesa— para que te vaya bien y disfrutes de una larga vida en la tierra.»

Y ustedes, padres, no hagan enojar a sus hijos, sino críenlos según la disciplina e instrucción del Señor.

EFESIOS 6.1–4

Efesios

Razón por la cual gobiernan

Apenas parece justo, ser una princesa y todo. Tú quieres hacer las cosas que son divertidas. Solo jugar y no trabajar te suena bien. ¿Por qué las niñas de Dios deben estar ocupadas haciendo lo que alguien más dijo que hiciéramos de todas formas?

En lo profundo de mi corazón

Porción para memorizar:

Hijos, obedezcan en el Señor a sus padres, porque esto es justo.

EFESIOS 6.1

Hasta las princesas necesitan aprender las normas de la realeza. Dios escogió a tus padres precisamente para ti, con el fin de que tú pudieras aprender de ellos los caminos de Dios. Ellos te protegen, te aman y te guían a Dios. Así que confía en que los caminos de Dios son los mejores, aunque ahora eso no te parezcan tan divertido como lo que quisieras hacer. Es correcto hacer esto, y además, te conducirá a tener una amistad más cercana con Dios y con tus padres.

Corazón

Para andar con Jesús

JOHN H. SAMMIS Y DANIEL B. TOWNER

TRADUCCIÓN: VICENTE MENDOZA

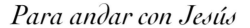

Para andar con Jesús
No hay senda mejor
Que guardar sus mandatos de amor;
Obedientes a él
Siempre habremos de ser
Y tendremos de Cristo el poder.
Obedecer, y confiar en Jesús,
Es la regla marcada
Para andar en la luz.

P or tanto, si sienten algún estímulo en su unión con Cristo, algún consuelo en su amor, algún compañerismo en el Espíritu, algún afecto entrañable, llénenme de alegría teniendo un mismo parecer, un mismo amor, unidos en alma y pensamiento. No hagan nada por egoísmo o vanidad; más bien, con humildad consideren a los demás como superiores a ustedes mismos. Cada uno debe velar no sólo por sus propios intereses sino también por los intereses de los demás.

FILIPENSES 2.1–4

Un dulce deleite

Digna de amar *L*os seguidores de Jesús querían saber qué le importa más a Dios. La respuesta de Jesús fue simple. Ama a Dios con todo lo que tienes en ti, y ama a tu vecino como te amas a ti misma.

Entonces, ¿quiénes son los vecinos de los que habla Jesús? Él quiere decir cualquier persona que encuentres o cualquier persona que ya tú conoces. Jesús quiere que amemos a todas las personas que él trae a nuestra vida.

Él también se refiere a tu verdadera vecina, la persona que vive al lado tuyo en tu calle. Dios planeó que tu familia viviera exactamente donde vives.

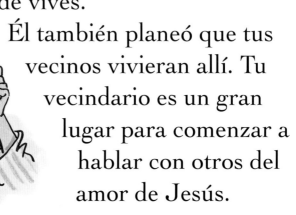

Él también planeó que tus vecinos vivieran allí. Tu vecindario es un gran lugar para comenzar a hablar con otros del amor de Jesús.

Amor

Pregúntale a tu mamá si hoy puedes cocinar unas galletitas para tus vecinos. Pídele que te ayude a hacer algunas tarjetas que les permitan a ellos conocer que tú y Dios los aman. Luego camina hasta su puerta y entrégales la tarjeta. Es una dulce manera de ayudar a proclamar el amor de Dios y al mismo tiempo formar una amistad.

La actitud de ustedes debe ser como la de Cristo Jesús [...]

Alégrense siempre en el Señor. Insisto: ¡Alégrense!

Que su amabilidad sea evidente a todos. El Señor está cerca. No se inquieten por nada; más bien, en toda ocasión, con oración y ruego, presenten sus peticiones a Dios y denle gracias. Y la paz de Dios, que sobrepasa todo entendimiento, cuidará sus corazones y sus pensamientos en Cristo Jesús.

Por último, hermanos, consideren bien todo lo verdadero, todo lo respetable, todo lo justo, todo lo puro, todo lo amable, todo lo digno de admiración, en fin, todo lo que sea excelente o merezca elogio.

FILIPENSES 2.5; 4.4–8

Ve más allá del cabello... hasta los hermosos pensamientos

Secretos de belleza

Es la hora que muchas princesitas temen. Tu mamá necesita cepillar tu cabello para quitar todos los enredos. «¿Tienes que hacerlo?», tal vez ruegues. Pero mamá sabe que si quieres tener una hermosa cabellera, necesitarás un poco de trabajo en la cabeza.

Dios también quiere que tengas una hermosa cabeza. Pero él no está hablando de tu cabello. A él le interesa lo que pasa en el interior de tu cabeza. Él quiere que pienses como piensa Dios. Cambiar nuestros pensamientos es un trabajo difícil, es como cepillar los enredos del cabello. Cuando notes que tienes malos pensamientos o pensamientos que no son verdaderos, pídele a Dios que te perdone. Pídele sabiduría. Él cambiará tu mente. Él te ayudará a pensar como una hija del Rey.

Belleza

Consejos de belleza

Cuando llegue la hora de cepillar tu cabello, comienza un juego nuevo con tu mamá. Cada vez que sientas un tirón doloroso, recuerda volver a pensar en Jesús. A medida que ella te cepille, pídele a Dios que te ayude a cambiar tu mente para que siempre pienses como él.

Háganlo todo sin quejas ni contiendas, para que sean intachables y puros, hijos de Dios sin culpa en medio de una generación torcida y depravada. En ella ustedes brillan como estrellas en el firmamento, manteniendo en alto la palabra de vida. Así en el día de Cristo me sentiré satisfecho de no haber corrido ni trabajado en vano.

FILIPENSES 2.14–16

Filipenses

Alerta con tu actitud

En lo profundo de mi corazón

Como toda una princesa, tienes muchas cosas que hacer durante tu día. Algunas cosas son divertidas, pero otras no lo son. Ya sean divertidas o no, la Palabra de Dios descarta ciertas actividades: sin quejas ni discusiones.

Porción para memorizar:

Háganlo todo sin quejas ni contiendas.

FILIPENSES 2.14

299

¿Por qué crees que Dios quiere que sus niñas tengan corazones agradecidos? Nuestro Rey supremo sabe que somos más felices cuando recordamos lo maravilloso que él es con nosotros. Cuando nos quejamos o discutimos, estamos demostrando que no nos gusta lo que Dios nos ha dado. También demuestra que queremos servirnos a nosotros mismos más que a Dios o a otros. Pero comenzamos a decir palabras de agradecimiento cuando comprendemos en nuestros corazones todo lo bueno que es Dios para con su pueblo.

Corazón

Actividad

¿Alguna vez te metiste en un problema por quejarte? ¿Cuál es tu queja más grande? Ahora piensa en las cinco cosas que más agradeces a Dios por habértelas dado. Haz un dibujo a colores de cada una de esas bendiciones que hayas recibido y colócalo al lado de tu cama. Antes de irte a dormir y cuando te levantes, ¡recuerda mirar el dibujo y darle gracias a Dios por las cosas buenas en tu vida!

Por lo tanto, como escogidos de Dios, santos y amados, revístanse de afecto entrañable y de bondad, humildad, amabilidad y paciencia, de modo que se toleren unos a otros y se perdonen si alguno tiene queja contra otro. Así como el Señor los perdonó, perdonen también ustedes. Por encima de todo, vístanse de amor, que es el vínculo perfecto [...]

Y todo lo que hagan, de palabra o de obra, háganlo en el nombre del Señor Jesús, dando gracias a Dios el Padre por medio de él [...]

Compórtense sabiamente con los que no creen en Cristo, aprovechando al máximo cada momento oportuno. Que su conversación sea siempre amena y de buen gusto. Así sabrán cómo responder a cada uno.

Colosenses 3.12–14, 17; 4.5–6

Norma de la puerta abierta

Princesa encantadora

$\mathscr{L}$legas a un restaurante al mismo tiempo que llega otra familia.

Tú debes:

A Caminar más rápido para llegar antes que ellos.

B Colarte por la puerta al mismo tiempo que ellos.

C Pararte allí y mirarlos fijamente.

D Abrir la puerta para dejarlos pasar.

Si tienes mucha hambre, puede ser un poco más difícil. Pero si quieres portarte como la princesa que eres, tus buenos modales deben estar en primer lugar. Abrirles la puerta a otros les dejará saber que tú crees que ellos son importantes. Esto te ayuda a aprender cómo servir a otros, al igual que a desarrollar la paciencia. Pero no te preocupes, también acomodarán a tu familia y todos comerán en seguida.

Hermanos, también les rogamos que amonesten a los holgazanes, estimulen a los desanimados, ayuden a los débiles y sean pacientes con todos. Asegúrense de que nadie pague mal por mal; más bien, esfuércense siempre por hacer el bien, no sólo entre ustedes sino a todos.

Estén siempre alegres, oren sin cesar, den gracias a Dios en toda situación, porque esta es su voluntad para ustedes en Cristo Jesús [...]

Que Dios mismo, el Dios de paz, los santifique por completo, y conserve todo su ser —espíritu, alma y cuerpo— irreprochable para la venida de nuestro Señor Jesucristo. El que los llama es fiel, y así lo hará.

1 TESALONICENSES 5.14–18, 23–24

Un quehacer real

Ánima a otros.
Ayuda a los débiles.
Perdónense unos
a otros. Siempre sé
feliz. Ora siempre.
Aléjate del mal. Mantente pura.
Solo escuchar esta lista te puede
hacer sentir cansada. ¿Cómo puede
Dios esperar tanto de su princesita?
Después de todo, solo eres una
niña. ¿No debieras salir a jugar y
ver la lista un poco más tarde en la
vida? Jesús quiere todo tu corazón.
Él no lo quiere más tarde, lo quiere
ahora. Él sabe que a las personas
que lo obedecen les sucede lo mejor
de la vida.

Pero, ¿cómo? ¿Cómo será posible hacerlo todo ahora, o incluso más tarde cuando hayamos crecido?

Dios nos dice el secreto en el versículo 24: «El que los llama es fiel, y así lo hará». Dios está obrando en tu corazón ahora mismo. Él te está cambiando por medio de su Espíritu Santo.

Amor

Él promete terminar la obra que comenzó en ti. Solo tienes que confiar en tu Rey celestial. Cuando veas que estás amando a otros y obedeciendo a Dios, sabrás que es Jesús quien está obrando a través de ti. ¡Entonces dale las gracias por siempre cumplir sus promesas!

Timoteo, hijo mío, te doy este encargo porque tengo en cuenta las profecías que antes se hicieron acerca de ti. Deseo que, apoyado en ellas, pelees la buena batalla y mantengas la fe y una buena conciencia. Por no hacerle caso a su conciencia, algunos han naufragado en la fe [...]

Así que recomiendo, ante todo, que se hagan plegarias, oraciones, súplicas y acciones de gracias por todos, especialmente por los gobernantes y por todas las autoridades, para que tengamos paz y tranquilidad, y llevemos una vida piadosa y digna. Esto es bueno y agradable a Dios nuestro Salvador.

1 TIMOTEO 1.18–19; 2.1–3

Cómo habla un maestro

Digna de amar

No fue una casualidad. Dios tuvo un propósito al darte a tu maestro o maestra. Él te puso en esa clase para poderte enseñar a través de tu maestro/a. Ya sea que lo sepas o no, tu maestro/a es una gran bendición de Dios.

¿Alguna vez pensaste que tú también pudieras ser una bendición para tu maestro/a? La Palabra de Dios nos dice que debemos recordar a nuestros líderes.

311

*N*ecesitamos estar agradecidos por ellos y orar para que Dios los guíe y los proteja. Cuando nuestros maestros, padres y líderes siguen a Dios, ¡es más fácil seguir su liderazgo!

Déjale saber a tu maestro/a lo mucho que él o ella representa para ti. En el momento correcto, ve hasta su mesa y pregúntale cómo le va. Luego pregúntale si tiene alguna petición de oración. En ese mismo momento ora por sus necesidades.

Amor

Si no hay tiempo, tú puedes orar desde tu asiento o cuando llegues a tu casa. Al final de la semana, pregúntale si sus oraciones fueron contestadas. ¡Hasta los adultos necesitan saber que ellos son especiales!

Por la fe Abraham, cuando fue llamado para ir a un lugar que más tarde recibiría como herencia, obedeció y salió sin saber a dónde iba. Por la fe se radicó como extranjero en la tierra prometida, y habitó en tiendas de campaña con Isaac y Jacob, herederos también de la misma promesa, porque esperaba la ciudad de cimientos sólidos, de la cual Dios es arquitecto y constructor.

Por la fe Abraham, a pesar de su avanzada edad y de que Sara misma era estéril, recibió fuerza para tener hijos, porque consideró fiel al que le había hecho la promesa. Así que de este solo hombre, ya en decadencia, nacieron descendientes numerosos como las estrellas del cielo e incontables como la arena a la orilla del mar.

HEBREOS 11.8–12

Hechos de fe

Verdades del reino

Si tu mamá te dice que va a llevarte al zoológico, ¿le creerías? ¿Qué pasa si no salen en seguida? ¿Qué pasa si ella tiene muchas cosas que hacer antes de la hora de salir? Aunque sea difícil esperar, tú esperas. Tú crees en tu mamá y sabes que si ella dice que sucederá algo bueno, entonces es cierto.

Dios es aun más digno de confianza que tu mamá. Y nos dice que algo bueno va a suceder. Él dice que un día seremos perfectos.

*N*o nos enfermaremos ni nos cansaremos más. No pecaremos más. Y entonces viviremos con él en el cielo.

¿Puedes ver el cielo ahora mismo? ¿Cómo sabes que Dios está diciendo la verdad? Sabemos que Dios no puede mentir. Creemos lo que él dice. Nuestra creencia se llama «fe». Fe es creer que Dios hará lo que promete, aunque tengamos que esperar por su tiempo para hacerlo.

Verdades

Hazlo tuyo

¿Tienes fe en que todo lo que Dios dice en su Palabra es cierto? ¿Temes que a veces no sea así? ¡No te preocupes! Dios es capaz de ayudarnos hasta cuando no creemos en él. Solo sé honesta. Dile a Dios lo que estás pensando. Luego pídele que te dé el don de la fe en él. Él es capaz de cambiar tu corazón y ayudarte a esperar en él.

Mis queridos hermanos, no se engañen. Toda buena dádiva y todo don perfecto descienden de lo alto, donde está el Padre que creó las lumbreras celestes, y que no cambia como los astros ni se mueve como las sombras. Por su propia voluntad nos hizo nacer mediante la palabra de verdad, para que fuéramos como los primeros y mejores frutos de su creación.

SANTIAGO 1.16–18

Santiago

Ni sombra de dudas

Mi héroe

Tu cuarto está oscuro. Ahora mismo se espera que seas la princesa durmiente. Pero ves a través de la ventana que los árboles afuera se están moviendo. Las sombras largas se mueven sobre las paredes. Eso puede parecer un poco temeroso.

Sentir miedo cuando no estamos seguros de lo que está sucediendo es perfectamente normal. Pero tenemos un Padre celestial que sabe todas las cosas y quiere lo mejor para nosotros. Incluso cuando tenemos miedo, necesitamos creerle a Dios.

Vuelve a mirar las sombras. Entonces recuerda lo que Dios dice acerca de ellas. Él nos dice que aunque su creación cambia y se mueve todo el tiempo, Dios no. Él siempre se mantiene igual. Podemos confiar en que él siempre es bueno, siempre está en control y siempre nos ama.

Héroe

Siempre podemos confiar en que Dios nunca nos abandonará, y él es único así. Dale gracias por ser el mismo ayer, hoy y por siempre. ¡Ahora, duérmete tranquila!

Mis queridos hermanos, tengan presente esto: Todos deben estar listos para escuchar, y ser lentos para hablar y para enojarse; pues la ira humana no produce la vida justa que Dios quiere. Por esto, despójense de toda inmundicia y de la maldad que tanto abunda, para que puedan recibir con humildad la palabra sembrada en ustedes, la cual tiene poder para salvarles la vida.

No se contenten sólo con escuchar la palabra, pues así se engañan ustedes mismos. Llévenla a la práctica. El que escucha la palabra pero no la pone en práctica es como el que se mira el rostro en un espejo y, después de mirarse, se va y se olvida en seguida de cómo es. Pero quien se fija atentamente en la ley perfecta que da libertad, y persevera en ella, no olvidando lo que ha oído sino haciéndolo, recibirá bendición al practicarla.

SANTIAGO 1.19–25

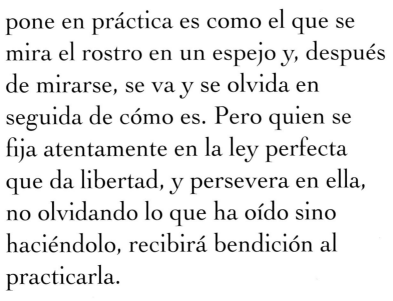

Lo primero es lo primero

Hoy tuviste un día fabuloso en la escuela y estás impaciente por contárselo a tu mamá. El problema es que tu hermana también tuvo un buen día. Así que ambas comienzan a hablar al mismo tiempo.

Tú debes:

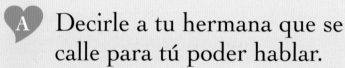

A Decirle a tu hermana que se calle para tú poder hablar.

B Hablar con una voz muy alta para que tu mamá te escuche a ti más que a ella.

C Dejar que tu hermana hable primero y escuchar lo que dice.

D Decidir hacer pucheros y no contarle a nadie lo que pasó.

¿Alguna vez escuchaste el dicho «la paciencia es una virtud»? En realidad es un fruto del Espíritu Santo, una señal de que Dios vive en tu corazón. Aunque es muy difícil dejar que otros hablen primero que nosotros, a Dios le agrada nuestra paciencia. También nos da la oportunidad de escuchar lo que está sucediendo en el corazón y la vida de otras personas. Luego, en el momento correcto, tú tienes la libertad de contar lo que estás pensando. ¡Tus pensamientos también son importantes!

¿Quién es sabio y entendido entre ustedes? Que lo demuestre con su buena conducta, mediante obras hechas con la humildad que le da su sabiduría. Pero si ustedes tienen envidias amargas y rivalidades en el corazón, dejen de presumir y de faltar a la verdad. Ésa no es la sabiduría que desciende del cielo, sino que es terrenal, puramente humana y diabólica [...] En cambio, la sabiduría que desciende del cielo es ante todo pura, y además pacífica, bondadosa, dócil, llena de compasión y de buenos frutos, imparcial y sincera. En fin, el fruto de la justicia se siembra en paz para los que hacen la paz.

SANTIAGO 3.13–15, 17–18

La más bella de todas

Verdades del reino

¿Fue solo la belleza de Blancanieves lo que la hizo ser tan maravillosa? ¿Fue el vestido de Cenicienta lo que la hizo una princesa? Hasta las princesas de los cuentos de hadas muestran la verdad. Ellas fueron diferentes de las demás porque tenían corazones hermosos. Se preocupaban tanto por las necesidades de los demás como por las suyas.

Dios quiere coronar a sus princesas con la misma clase de belleza. A él le encanta que seamos justos con todos y generosos en nuestras acciones.

¿Cómo? Trataremos con generosidad a otros cuando comprendamos lo importantes que son las personas para Dios. Sus pensamientos, sentimientos y vidas le importan tanto a Dios como los nuestros. Cuando sientas la tentación de exigir que se hagan las cosas como tú quieres, recuerda esta verdad del reino: los demás también son importantes. Tendremos mucho más gozo si tratamos a los demás con la justicia y el respeto que ellos merecen.

Verdades

Hazlo tuyo

La sabiduría que viene de Dios es siempre justa y honesta. Siempre que pidamos la sabiduría de Dios estaremos listos para ayudar a otros y hacer buenas cosas para ellos. La vida no siempre será justa. Es posible que tus hermanos obtengan algo que tú no tienes. Es posible que a ti no te elogien por todas las cosas buenas que haces. Pero Dios ve tu corazón. Confía en que él te cuidará mientras tú ayudas a los demás.

Si afirmamos que no tenemos pecado, nos engañamos a nosotros mismos y no tenemos la verdad. Si confesamos nuestros pecados, Dios, que es fiel y justo, nos los perdonará y nos limpiará de toda maldad [...]

Mis queridos hijos, les escribo estas cosas para que no pequen. Pero si alguno peca, tenemos ante el Padre a un intercesor, a Jesucristo, el Justo. Él es el sacrificio por el perdón de nuestros pecados, y no sólo por los nuestros sino por los de todo el mundo.

1 JUAN 1.8–9; 2.1–2

1 Juan

Limpia por fuera y por dentro

¿Cómo sabes que estás sucia y necesitas bañarte? Las manchas negras en tu cara y en tus manos te dan una buena pista. Tal vez hasta el olor te dejará saber que es hora de bañarse.

En lo profundo de mi corazón

Porción para memorizar:

Él es el sacrificio por el perdón
de nuestros pecados, y no sólo
por los nuestros sino
por los de todo el mundo.

1 JUAN 2.2

Entonces, ¿cómo puedes saber cuándo tu corazón no está limpio? Jesús dijo que cuando lo desobedecemos, nuestros pecados nos hacen sucios por dentro. El jabón y el agua no nos pueden limpiar allí, pero Dios sí puede hacerlo. Tan pronto como sepas que te has equivocado, corre a Jesús. Pídele que te perdone por haber escogido tu voluntad en lugar de la voluntad de Dios. Luego pídele que te ayude a obedecerlo la próxima vez. A él le encanta hacer que tu corazón esté tan limpio y blanco como la nieve recién caída.

Corazón

Actividad

Pregúntale a tu mamá si la puedes ayudar a pulir sus objetos de plata o las prendas. ¿Ves lo prietos que están? Ahora púlelos con el jabón especial y enjuágalos con agua. ¿Están ahora brillantes? ¡Recuerda que Dios limpia tu corazón incluso mejor que el mejor jabón del mundo!

Éste es el mensaje que han oído desde el principio: que nos amemos los unos a los otros [...]

Nosotros sabemos que hemos pasado de la muerte a la vida porque amamos a nuestros hermanos. El que no ama permanece en la muerte [...] En esto conocemos lo que es el amor: en que Jesucristo entregó su vida por nosotros. Así también nosotros debemos entregar la vida por nuestros hermanos [...] Queridos hijos, no amemos de palabra ni de labios para afuera, sino con hechos y de verdad.

1 Juan 3.11, 14, 16, 18

1 Juan

Cartas de amor

Digna de amar

¿Cómo puedes saber quiénes le pertenecen a Jesús? No es por lo bien que actúen. Tampoco es por las muchas veces que vayan a la iglesia. Ni siquiera es por lo mucho que ellos hablen acerca de Dios. Jesús dijo que podemos decir quién es un cristiano si vemos cómo ama esa persona. ¿Por qué? Porque el verdadero amor viene de Dios. Tienes que tener el Espíritu de Dios dentro de tu corazón para ser capaz de amar a los demás de la misma forma que los ama Dios.

Pídele hoy a Dios que te llene con su amor por él y por otros. Luego busca maneras divertidas de compartir tu amor, comenzando con tus padres. Piensa en algunas razones por las cuales tú quieres a tu mamá y a tu papá.

Amor

Luego pinta un dibujo por cada idea que muestre cómo te sientes. Séllalo en un sobre y colócalo en un lugar especial donde sepas que tu mamá y tu papá lo encontrarán por sorpresa. El amor es el tesoro más dulce que una princesa pueda dar.